Project
Based
Teaching

How to
Create Rigorous and
Engaging Learning
Experiences

项目式教学

为学生
创造沉浸式
学习体验

[美] 苏西·博斯（Suzie Boss）
[美] 约翰·拉尔默（John Larmer） 著

周华杰 陆颖 唐玥 译

中国人民大学出版社
· 北京 ·

致巴克教育研究院
才华横溢而又全情投入的国家级导师们

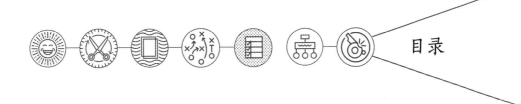

目录

第1章　建立课堂文化

第2章　设计与计划

译 序

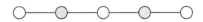

过去三年，我在给全国很多老师做项目式学习（PBL）培训时，经常被问到的一个问题是："如果想在自己的课堂上实践 PBL，我应该怎么做？"也有老师进一步追问："如何才能成长为一名合格的 PBL 教师？"

作为一名 PBL 的积极推广者，我也一直在思考这个问题。所以，当我第一次看到这本书时，真是如获至宝，因为它向我们呈现了一幅使 PBL 落地课堂的完整路线图。

从建立适合的课堂文化、进行项目的设计与计划，到把项目的学习目标与课标对应起来、管理教学活动、评估学生的学习，再到为学生搭建有效的学习支架、参与和指导学生的学习过程——这七大教学实践，可以说涵盖了 PBL 教学的方方面面，是每一名合格的 PBL 教师必须掌握的。本书用大量可供参考的真实案例和切实可行的方法，系统地将这七大教学实践介绍给渴望掌握 PBL 真谛的老师们，同时还为每一种教学实践配套了一系列即学即用的教学策略和工具，以帮助一线教师马上行动。

本书的两位作者——苏西·博斯（Suzie Boss）和约翰·拉尔默（John Larmer）在 PBL 领域都是非常有影响力的人物。我看到的 PBL 相关书籍和文章，多出自他们之手。幸运的是，我曾与他们进行过面对面的交流，其间有两件小事让我印象颇深。

2019 年 12 月，我邀请苏西·博斯来中国做了多场工作坊和演讲。有一天我请教她一个翻译问题。十多年前，在她参与制定的黄金标准 PBL 模型中，有两个学习目标：核心知识和理解力（Key knowledge and understanding)、成功素养（Success skill），在翻译过程中，我们对"skill"这个词一直存有疑惑。这个词的字面意思是"技能"，但似乎"素养"这个词更能表达在快速变化的世界中，学生应具备的能力和品质，而后者往往使用"competency"来表达。她笑了笑，对我说，对这两个词的选择，他们也认真讨论过。最终之所以决定选择"skill"，是为了让一线教师更容易理解，以便把 PBL 的理念传递给更多人，并促进 PBL 真正在课堂落地。这使我更深刻地认识到，PBL 并不是什么束之高阁的理论，而是真正需要在课堂上活学活用的方法，它拥有实践的基因。

也是在 2019 年，我和约翰·拉尔默在上海一家餐厅交流 PBL 在中国和美国的教学实践，临走时，他突然指着我衣服后面印着的那句话——"Let's rock this project-based world"（意即"让我们尽情享受这个项目式的世界吧"）感慨道："这句话说得太好了！"回美国后，他还专门在一篇文章中引用了这句话。

经常有人问我："现在各种新的教育理念层出不穷，你在全国各地如此积极地推广 PBL，不怕它只是一阵风吗？"每次我都回答"不怕"。因为我像约翰·拉尔默一样相信，当今世界，是一个需要通过种种项目来联结的世界，是一个等待我们投入所有热情来探索和创造的世界。

其实，翻译这本书也是一个完成 PBL 的过程，我和两位合译者——陆颖（现旅居以色列）和唐玥（现在美国加州教书）就是用 PBL 的方式，在三个时区分别完成了翻译工作。最后，真心希望本书能让 PBL 在更多的中国课堂落地，让更多师生体会到教与学的快乐。

周华杰
三有 PBL 学院创始人
2020 年 8 月

致 谢

假如没有众多有才华、有思想的教育工作者的贡献，本书不可能完成。

约翰·摩根多勒（John Mergendoller）为本书奠定了基础。他提出需要关注教师在 PBL 中的角色，并与约翰·拉尔默合作，对黄金标准 PBL 模型①的核心项目设计要素和项目式教学实践进行了概括。摩根多勒对本书的早期草稿提供了极具见解的反馈，帮助我们专注于梳理对高质量的教和学来说最关键的内容。

还有更多人依据他们丰富的课堂经验，与我们分享了实用的策略。其中，我们由衷感谢巴克教育研究院（Buck Institute for Education，简称BIE）的全体国家级导师。这些教育工作者在美国（以及其他国家）的不同背景下工作，每天都以教师、教学指导员、学校领导和职业发展专家的身份与 PBL 同呼吸、共命运。你可以在每一章中找到他们的建议和见解。

从早期的头脑风暴到对各章节草稿的批判性反馈和审阅，巴克教育研究院的职员通过各种途径参与了本书的塑造。书中介绍的工具和策略，都是他们，尤其是研究院 PBL201 工作坊的设计负责人萨拉·菲尔德（Sarah Field）和吉娜·欧拉贝娜葛（Gina Olabuenaga）创造和协作的成果。

我们要特别感谢泰兰尼娅·诺尔法（Telannia Norfar）、雷·艾哈迈

---

① 黄金标准 PBL 模型（Gold Standard PBL Model）：由巴克教育研究院在 2015 年出版的《PBL项目学习黄金标准》（*Setting the Standard for Project Based Learning*，中文版由光明日报出版社于 2019 年 4 月出版）中首次提出，包含了核心项目设计要素和项目式教学实践这两个模型。本书的序言和导语会做进一步阐述。——译者注

德（Ray Ahmed）、丽贝卡·纽伯恩（Rebecca Newburn）、埃琳·布兰德沃尔德（Erin Brandvold）、萨拉·列夫（Sara Lev）、金伯利·黑德-特罗特（Kimberly Head-Trotter）和谢里尔·鲍蒂斯塔（Cheryl Bautista）七位老师。他们在与学生一起做项目的过程中开放了课堂，让我们能仔细观察和反思。他们的故事和建议贯穿全书，并被记录在一组配套的视频中。

我们从下面这些 PBL 资深教师的几十个访谈和分享的博客文章中对项目式教学有了更多的了解。他们是：费罗泽·孟希（Feroze Munshi）、谢里·格里辛格（Sherry Griesinger）、米拉·李（Myla Lee）、阿比·施奈德约翰（Abby Schneiderjohn）、埃琳·甘农（Erin Gannon）、伊恩·史蒂文森（Ian Stevenson）、布兰登·科恩（Brandon Cohen）、朱莉娅·卡格尔（Julia Cagle）、汤姆·李（Tom Lee）、埃里克·怀特（Eric White）、克丽斯特尔·迪亚斯（Krystal Diaz）、吉姆·本特利（Jim Bentley）、梅根·阿什卡纳尼（Meghan Ashkanani）、迈克·格沃特尼（Mike Gwaltney）、达拉·劳斯·萨维奇（Dara Laws Savage）、迈克·凯切尔（Mike Kaechele）、凯文·甘特（Kevin Gant）、詹姆斯·费斯特（James Fester）、泰勒·米尔萨普（Tyler Millsap）、斯科特·斯蒂芬·贝尔（Scott Stephen Bell）、凯莉·雷塞（Kelly Reseigh）、汤姆·内维尔（Tom Neville）、安德鲁·米勒（Andrew Miller）、约翰·麦卡锡（John McCarthy）、克里斯汀·乌利亚斯（Kristin Uliasz）、埃琳·斯塔基（Erin Starkey）、希瑟·沃尔珀特-高龙（Heather Wolpert-Gawron）和布赖恩·肖赫（Brian Schoch）。如有遗漏，敬请谅解。

公平是贯穿全书的一个主题。我们有一个共同的信念，即所有学生，不管在哪个地区生活，都应该有机会在符合黄金标准 PBL 核心要素的活动中进行有意义的、全神贯注的学习。我们感谢所有陪伴这本书成长的人，在此无法一一罗列。正是他们，为学生创造了变革性的学习机会。

最后，我们要感谢编辑珍妮·奥斯特塔格（Genny Ostertag）和她在督导与课程开发协会（ASCD）的团队。感谢他们一路上的鼓励，让我们能把这书呈现给读者。

序 言

　　过去几十年来，世界发生了翻天覆地的变化，在近十年里更是如此。我们彼此的生活因为技术、全球经济和社交媒体而联系得更加紧密。从气候变化、地区冲突，再到食品分配，我们越发意识到人类所面临挑战的复杂性。而职业的版图也在快速地变化中。从产品制造、汽车驾驶到撰写数据化报告，越来越多的工作实现了自动化。此外，协作已成为常态。在信息时代的公司里，大多数人在进行团队内或跨团队协作。最后，这个世界已经变成了"项目式的"世界。在美国，40%的人是在不同客户的项目之间奔波的合同工。到2025年，这一比例预计将达到60%。几乎所有的工作，哪怕在传统公司，都是以项目的形式来组织的。考虑到世界的巨大变化，人们会很自然地认为学校也变了。然而，在很大程度上，我们的学校还在用100多年前的方式教育我们的青少年。

　　在过去的三年里，我有机会向世界各地的人——年轻的和年长的、教育者和商界领袖、社区领导者以及家长——提出这样一个问题："要想在变化的世界里成功，需要具备什么样的能力和品质？"令人惊讶的是，无论我在哪里问这个问题，所有群体的回应中都有一种共识：除了学科知识和技能外，学生还需要成功素养，如协作能力、（口头、书面和视觉化的）沟通表达能力、批判性思维和问题解决能力、项目管理和自我管理能力、创造和创新能力，以及应对自身生活和所处世界的挑战的责任感。运用本书所描绘的方式进行项目式学习的学生，正在养成这些能力和品质。

对项目式教学的需求

虽然我们都清楚，世界已经变了，但我们也知道，学校并没有随之改变。随着这种意识逐渐增强，我们开始看到美国乃至全球范围内的一些变化。我们看到学校和学区正朝着更加以学生为中心的教学法迈进，其中包括了探究式学习、个性化学习、基于表现的评估，以及关注项目式学习及其实施的巨大浪潮。为了满足教师对项目案例和 PBL 职业发展的需求，很多 PBL 理论与实践专家已经做出了回应。

高质量的项目案例在很多地方都可以找到。而且，有赖于我在巴克教育研究院的同事们和其他专注于深度学习的教育机构的出色工作，教师们能够获取设计高质量项目所需的素材、资源和工作坊。巴克教育研究院在《PBL项目学习黄金标准》（Larmer，Mergendoller，& Boss，2015）一书中首次提出了黄金标准 PBL 模型。这个模型提及的核心项目设计要素，已经被美国乃至世界各地的教育工作者广泛认可和采纳。书中同时提及的项目式教学实践也引起了业界共鸣。不过，如何在 PBL 课堂中实施还需要更多的信息。

教育工作者需要详细的项目描述、教学策略和视频，以便了解教师如何行动才能有效实施 PBL 教学方法。本书以及巴克教育研究院发布的一系列相关视频（在 www.bie.org[①] 上可以找到），通过展现七位风格各异而又颇为成功的 PBL 教师的工作，回应了这个需求。本书还提到了其他教师的工作，其中许多人是巴克教育研究院的国家级导师。这些教师很可能与你在流行电影中看到的"巨星"不同，他们只是普通教师，但他们的课堂能力、知识深度和为所有孩子倾尽全力的热情让我们深受启发。

学校和学区领导者如何为项目式教学创造条件

尽管项目式教学往往聚焦于教师为学生提供高质量学习体验的种种细

---

① 巴克教育研究院网站已改域名为 www.pblworks.org，免费注册后可获取网站资料。——译者注

节，但学校和学区领导者的工作也不应该被忽视，他们为教师与学生共同完成伟大的项目创造了必要条件。在 PBL 实施得非常好的学校，我们发现了它们具有的一些共同特征：

- 对新的教育目标、教与学的新方法有清晰一致且打动人心的愿景。

  领导者与教职员工以及社区中的利益相关者一起建立了一个愿景，它勾勒出具备 21 世纪成功素养的毕业生画像[1]，并明确呼吁将 PBL 作为实现这一愿景的方法。

- 为学生、教师和领导者建立一种学习、创新、探究的文化。

  领导者打消了教师在做教学创新和冒险时的后顾之忧。这也体现在 PBL 的课堂实践中。领导者提出工作中存在的问题，然后遵循探究的流程来解答这些问题，就像学生在项目中所做的那样。

- 对学校架构的重新设计和想象。

  例如，为了让教学时间段更长、更灵活，学校对主课表做出了调整；教师被赋予了更多的个人和协作时间来做教学计划和学习；一些初中和高中把学生分成不同小组，并为其配备不同的教师团队。

- 为教师和领导团队提供深入而持久的能力训练。

  我们在本书中调研的教师都参加过专业的教师发展工作坊，且都在接受持续的教学指导，也都有机会协作备课，以此磨炼教学技能。

- 对持续改进的承诺。

  教师只有不断实践，才能学会实现高质量 PBL 的方法。我相信本书中所有的教师都会告诉你，他们的教学策略和有效性相较于第一次实施 PBL 时已经有了显著提升。就像学生在项目中所做的那样，通过使用核心项目设计要素中的批判性反馈和修改环节，教师可以持续地改进他们的 PBL 实践。

---

[1] 毕业生画像（graduate profile）：学校或者学区对毕业生应该具备的能力和品质的具象化表述。毕业生画像可以由学校领导者、教职员工和社区利益相关者等共同创建，可以用来和学生、家长等进行清晰、明确的沟通，并有助于教师在教学过程中以此设定优先级。——译者注

本书如何体现高质量 PBL 的框架

2018 年，27 位以推行 PBL 为己任的教育工作者、思想领袖以及将 PBL 作为项目特色的机构代表组成了一个指导委员会，最终确定了高质量 PBL 的框架。该框架从学生体验的角度描述了什么才是高质量的 PBL。指导委员会成员还包括来自芬兰、智利、韩国和中国的国际代表。确立这个框架的目的是达成一种共识（这在之前并不存在），即用以指导教师、学校领导者、学者、教育领导者、政策制定者、记者，以及课程服务提供商工作的高质量 PBL 究竟是怎样的。

这项工作由巴克教育研究院联合"敏而好学"① 共同推动，并得到了项目管理研究所教育基金会（Project Management Institute Educational Foundation）以及威廉与弗洛拉·休利特基金会（William and Flora Hewlett Foundation）的支持。框架的开发耗时 12 个月，是高度协作和多次迭代的一个过程，也凝聚了公众、教师和其他组织的大量投入。

以下是高质量 PBL 框架的六项衡量标准。一个项目必须符合各项标准，才可以被称为高质量（更多详情及六项标准背后的研究，请访问 https://hqpbl.org）。

智力挑战与成就

学生深入地学习，批判性地思考，并追求卓越。学生在多大程度上：

· 长时间去调查具有挑战性的问题、疑问和议题？

· 专注于学科和知识领域中的核心概念、知识和技能？

· 获得了学习和项目成功所需要的支持和基于研究成果的教学指导？

· 致力于完成最高质量的项目作品？

---

① 敏而好学（Getting Smart）：美国西雅图的一家学习设计机构，旨在通过教育趋势调研、咨询服务、培训指导等方式加速教育、学习领域创新设想的落地。——译者注

真实性

学生做的项目是有意义的，也与他们的文化、生活和未来密切相关。学生在多大程度上：

- 参与的项目和校外真实世界有关联，并且和自身的兴趣及关注点相关？
- 使用校外真实世界中会用到的工具、技术和（或）数字化技术？
- 能就项目主题、活动和（或）成果做出选择？

公开展示的成果

学生的作品会被公开展示、讨论和评判。学生在多大程度上：

- 向同伴及课堂外的人展示自己的作品并描述自身的学习经历？
- 获得观众的反馈并（或）与他们直接对话？

协　作

学生与同学进行线下或线上的协作，并（或）接受成人导师和专家的指导。学生在多大程度上：

- 为完成复杂的任务，以团队合作的形式工作？
- 学习成为高效的小组成员和领导者？
- 学习与成人导师、专家、社区成员、企业以及组织合作？

项目管理

在项目从启动直至完成的过程中，学生使用项目管理流程以推动项目的进程。学生在多大程度上：

- 在多步骤的项目中高效管理自己并有效管理团队？
- 学习使用项目管理流程、工具和策略？
- 适时使用设计思维的视角和流程？

反　思

学生在整个项目期间反思自身的工作及学习。学生在多大程度上：

- 学习对自己和同伴的作品进行评估，并提出改进意见？
- 反思、记录和讨论他们正在学习的知识内容、概念和成功素养？
- 借助反思这一工具来提升主观能动性？

当高质量 PBL 的框架发布时，全美及世界各地的教育工作者和机构签署了对这份框架的承诺，并成为注册会员，加入这项时至今日仍势头渐长的行动。为了将这个框架描述的愿景变成现实，每个践行者可能都有自己不同的方法。对巴克教育研究院而言，我们的方式就是本书及《PBL 项目学习黄金标准》一书中描述的黄金标准 PBL 模型。本书展示的教学实践及项目设计完全符合高质量 PBL 框架的六项标准。

巴克教育研究院的愿景是：所有学生，无论来自哪里，背景如何，都有机会体验高质量的 PBL。我们相信，如果运用得当，PBL 可以是服务教育公平的一种工具。它赋予学生学习学科知识和技能的能力，也让他们收获成功素养，以迎接未来生活和世界中的挑战。我们希望本书和配套的系列视频能帮助世界各地、各种教育水平的教师提升能力，使他们能够为学生（哪怕是那些最缺乏机会的学生）设计并实施了不起的项目。

带着爱和决心前行。

鲍勃·伦兹（Bob Lenz）
巴克教育研究院执行董事

导 语

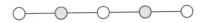

学校任何变革的成功都有赖于高水平的教师。

——琳达·达林-哈蒙德（Linda Darling-Hammond）

毋庸置疑，项目式学习（PBL）作为一种重要的教学策略，正在美国乃至全世界获得越来越多的关注。引进 PBL 教学法的理由众多，且因学校系统的差异而各不相同。不过，尽管所处的情况各异，人们愈发意识到，当今纷繁复杂的世界对学生未来升学、求职和积极投身社会提出了全新的要求。假如不从传统的、以教师为中心的授课方式，根本性地转向更创新的、以学生为中心的教与学的方式，这些要求将无法被满足。

对准备实现这一转变的学校来说，PBL 提供了一个行之有效的框架，来帮助学生更好地应对未来的挑战。通过参与学术严谨的项目，学生会在收获深度知识的同时掌握 21 世纪的成功素养：批判性地思考、分析信息的可靠性、与不同的伙伴协作、创造性地解决问题。在参与 PBL 的过程中，学生会学着提出好问题、变得足智多谋、学会管理自己的时间、按时完成任务，并在挑战中勇往直前。假如做得好的话，PBL 还能培养学生的自我管理能力和自主学习能力。也正是这些素养，会在学生将要参与塑造的未来，帮助他们蒸蒸日上。

对学生的新要求也给教育工作者带来了全新的挑战。相对来说，在学生时代体验过 PBL 的教师寥寥无几，教师培养项目也才开始涵盖 PBL 教学法。由于缺乏直接经验和专业培训，许多教师需要在短期内学习和消化大量信息。他们会好奇，引入 PBL 是否意味着备课、评估和日常课堂管理都要从头开始？他们也会担心，如果在课上花时间实施 PBL，是否还能按时完成规定的教学任务？PBL 新人经常会问："PBL 会给课堂带来什么变化？有什么是不变的？我怎么知道自己做得对不对？"

巴克教育研究院通过面对面工作坊已经帮助了数千名教师对 PBL 拾得信心，而在线资源和书籍更是惠及世界各地无数的教育工作者。人们对 PBL 有着浓厚的兴趣，写作《PBL 项目学习黄金标准》一书就是对此做出的回应。这本书的目标是帮助教师和学校领导设计和实施优质的 PBL，无论他们所在的地区和学校是什么情况。不管学生住在哪里、背景如何，他们都有权从高质量的 PBL 项目体验中获益。

《PBL 项目学习黄金标准》介绍了一个黄金标准 PBL 框架。这个框架是在研究以及教师、学校领导大量投入的基础上完成的，它在学术的严谨性上设立了相当高的标准。这一点非常重要，因为 PBL 假如做得不好，很可能就会浪费学生宝贵的学习时间。我们看到过太多所谓的项目，它们仅关注趣味性或动手实践，却没有涉及重要的学习目标。与之相对，实施良好的 PBL 为学生搭建了一个舞台，使他们得以深度体验有意义的学术内容。PBL 包含了对挑战性问题的持续探究。学生不仅要学习知识，还要学会应用知识。从定义上说，黄金标准 PBL 就是学习的主菜，而不是甜点。

为了持续地实现深入且有意义的学习，黄金标准 PBL 需要包含七大核心项目设计要素（参见下页图 0.1）。

在项目中从头到尾贯彻这些核心项目设计要素，有助于确保高质量的学习体验，让学生和教师的投入都能获得相应的回报。无论你是一直都在使用 PBL，还是在一学年中偶尔尝试，这些核心项目设计要素都为项目的成功奠定了基础。

《PBL 项目学习黄金标准》一书还介绍了项目式教学实践的七条法则，但并未深入探讨。教师、学校领导都表示想了解更多，正转向 PBL 教学法的其他教育工作者也想要看到更多高质量的项目实例。相较于经过打磨后的最终学习成果，他们更想看到的是教师日常用来支持和吸引所有学生参与 PBL 的具体做法。他们希望了解，其他教师是如何在课程中为 PBL 留出足够时间和空间的。本书和一系列免费的配套视频，将站在 PBL 教师的视角，详细展示发生在 PBL 课堂上的故事（参见 www.bie.org）。

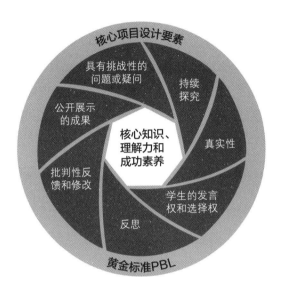

图 0.1　黄金标准 PBL 的核心项目设计要素

项目式教学实践

要让学生做好 PBL，教师的教学方法可能要有很大的转变。对那些在传统环境中教学，主要依靠直接讲授、课本和测验的教师来说尤其如此。PBL 教师不再是负责传授知识、无所不知的专家，而是见多识广的指导教练、学习的引导者，以及整个探究过程的向导。PBL 教师会鼓励学生积极地发问、保持好奇心和进行同伴学习，而不是做无所不知的权威。他们会创设每位学生都有发言权的学习环境。他们熟练掌握了学科知识，但也乐于这样回应学生提出的问题："我不太清楚。我们一起来探索吧。"（参见下页图 0.2）

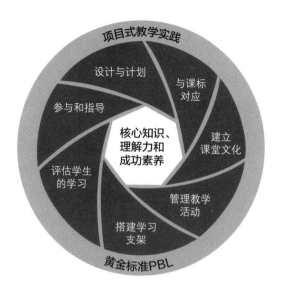

图 0.2 黄金标准 PBL 的项目式教学实践

　　向项目式教学的转变往往是逐渐发生的，在这个过程中，教师可以慢慢识别并采用有助于学生成功的教学策略。除非你是在一所完全采用 PBL 教学法的学校教书，学生能够持续通过做项目来学习各学科，否则你很可能将要在一学年中交替使用 PBL 和传统的教学方式。例如，许多教师设定了一个可行的目标——每学期至少完成两个项目。

　　个性化学习这种日益流行的教育趋势与 PBL 是兼容的，并且两者都有许多以学生为中心的教学实践。尽管 PBL 承认学生发言权和选择权的重要性，但个性化学习对学生的个人兴趣、技能和身心发展需要的关注更胜一筹（面向未来的工作和州立学校主管委员会，2015）。

　　专注于个性化学习的学校往往也会强调基于能力的进步测评，以此来衡量学生对知识和技能的掌握情况。它们可以使用学生个人档案来呈现每个学生的优势和需要提高的方面，可以在学生掌握了特定能力后授予徽章，也可以在常规课表内安排时间，让学生通过兴趣项目或"天才一小时"①来发展自身兴趣。为了鼓励个性化，学校可以采用混合式学习的方法——将面对面教学与在线学习相结合，让学生在学习时间、地点和方式上有更多自主权。一些学校也在探索融合个性化学习和PBL，让学生在一天中的某些时段发展个人兴趣，其他时段参与有更多协作、基于课标的项目。

无论是团队项目还是个人项目，如果质量够高且教师密切关注项目式教学实践，所有PBL学习体验都有潜力成为师生整个学年中的亮点。

在之后的章节中，你将深入了解帮助学生成功的七个项目式教学实践的要点。对于每个实践要点，你将发现大量的实用教学策略，并看到教师们对课堂经验的反思。正如学生的发言权对高质量PBL至关重要一样，教师的选择权也是有效的项目式教学中不可或缺的部分。

建立课堂文化。 课堂文化传递的是人文关怀、追求卓越的精神和同舟共济的意愿。恰当的课堂文化可以培养独立性，促进合作，鼓励成长型思维②，支持风险承担，激励高质量的作品，并在课堂中营造包容和公平的氛围。在很多情况下，是文化支撑着学生的发言权、选择权、持续的探究以及锲而不舍的精神。积极的文化不是一天的团队建设就能形成的。创建一个包容的学习者共同体需要持续不断的努力。

设计与计划。 要让师生充分发挥PBL的潜力，带着目标去设计学习体验尤为重要。核心项目设计要素为规划项目提供了一幅蓝图，其中也包含了形成性评估和总结性评估的计划。在设计阶段，教师需要决定使用哪些资源，可能也需要联系专家或社区合作伙伴。PBL的课程计划会为学生的发言权和选择权留出空间，但又不至于让项目变得过于庞杂。

与课标对应。 通过将项目与有意义的学习目标对应起来，教师得以确

---

① 天才一小时（Genius Hour）：最初是谷歌公司为鼓励创新而提出的概念，员工们可以用每周20%的时间去做常规工作以外感兴趣的项目。后被应用到教育领域，学生在课堂中有一段时间（通常为每周一小时）可以去做自己感兴趣的项目。——译者注

② 成长型思维（Growth Mindset）：由斯坦福大学行为心理学教授卡罗尔·德韦克（Carol Dweck）提出。她将人的思维方式分为"固定型思维"和"成长型思维"，具有成长型思维的人相信能力和智力不是一成不变的，而是可以通过努力来学习和提高的。——译者注

保 PBL 的学术严谨性，并关注优先课标 [①] 和高阶思维 [②]。更重要的是，学生会理解为什么要学习这些内容，以及 PBL 如何与课堂外的世界紧密相连。

管理教学活动。管理得当的 PBL 体验能让学生们深度学习，并培养他们终身受用的团队合作及自我管理能力。项目管理的各项策略注重生产力和效率，但 PBL 并非按部就班地执行操作流程，管理良好的项目有时也会允许"混乱"的学习。

评估学生的学习。评估能确保学生朝着目标迈进。它不是为了"逮住谁"或以此进行排名，而是为了学生成长。PBL 需要平衡形成性评估和总结性评估，并要包括团队和个人的反馈。反馈来源于多方面，包括同伴、专家、观众和教师。学生要有时间在综合反馈的基础上改进和完善作品。

搭建学习支架。学习支架的搭建，为每位学生都能成功完成项目并达成学习目标创造了条件。在一个公平的课堂上，学生先前的学习经历、语言能力或阅读水平不应该成为通向成功的障碍。

参与和指导。课堂参与度和指导的策略可以激发学生最大的潜力。各项指导策略借助提问、示范和反思，来建立学生的内驱力，并帮助他们实现学习目标。师生之间融洽互信的关系是 PBL 取得成功的根基。

在本书最后一章，已成功转向 PBL 教学法的教师提供了反思和建议。他们的经验告诉我们，在不断的实践中，PBL 会越做越好。仅靠一个项目，你无法成为一名技艺娴熟的 PBL 教师。这是一个持续进行专业学习的过程，需要获得学校领导、教学指导员和其他教师的有力支持。虽然转向 PBL 教学法确实意味着日常课堂实践会发生很多变化，但当发现在 PBL 语境下存在行之有效的资源和策略可供使用时，教师们也就没那么紧张了。

不会随着引入 PBL 而改变的，是有爱心的教师在学生成长过程中起到的关键作用。实际上，教师开始实施 PBL 之后，常说自己对学生有了更

---

① 优先课标：对理解、运用和后续学习更重要的课标，详见第 3 章。——译者注
② 高阶思维：指发生在较高认知层次上的心智活动或认知能力。它在教学目标分类中表现为分析、综合、评价和创造。——译者注

多的了解。成功转向 PBL 教学法的教师普遍反馈："与学生一起做项目，唤起了我当初选择做老师的初心。"

认识书里的教师

来自全美各地的 PBL 教师，为本书和配套的系列视频开放了他们的课堂。他们跨越不同年级和学科，他们所在学校学生的文化背景和经济条件也有很大差异。你将了解到，他们如何使用特定的项目式教学实践来促进学生的学习。除非另有说明，其中的故事都来源于本书作者或视频制作团队与教师们的访谈和交流。

贯穿全书的故事主人公有：一位高中数学老师，他的学校在城区^①；一位小学全科老师，他有很多英语非母语的学生；一位在郊区初中工作的科学老师，她希望学生能成为见多识广的社会公民；一位高中化学老师，他的很大一部分学生需要特殊照顾；等等。他们教的一些学生将会成为家里第一个上大学的人。作为教育公平的倡导者，这些教师认为，PBL 是帮助所有学习者为将来做好准备的最佳方式。在本书中，你也将听到教学指导员的声音。他们在帮助 PBL 教师对新教学策略树立信心方面扮演了重要角色。

尽管背景情况各异，但这些教育工作者都相信，他们的学生会在 PBL 的挑战下取得进步。对所有人都抱有很高的期待，这是 PBL 文化中不可或缺的组成部分。就像一位高中人文老师经常对她的学生说的那样："我相信你们。"

特别板块

本书还包括一些特别板块，用来加深你对项目式教学实践的理解。另提供具体的教学策略，以帮助 PBL 在你的学生群体中落地。

---

① 美国公立学校的经费很大一部分来源于本地的房产税，因此，在住房条件和收入水平偏低的地区，也会出现公立学校经费不足的情况。城区学校（urban school）时常会受这一问题的困扰。——译者注

- 黄金标准的项目式教学实践。每一章都会介绍符合黄金标准的项目式教学实践看起来应该是什么样的，同时也附上了巴克教育研究院的项目式教学评价量规中相应的指标（附录中包含了评价量规的完整版）。

- 试一试。注意这些活动的具体说明，它们将有助于你在自己的教学场景下实施PBL。和你的学生、同事一起试试吧，记得要反思结果。

- 教学指导员笔记。教学指导员和领导可以为PBL提供怎样的支持？资深教学指导员会在这个板块提供建议，帮助改善教学活动，同时培养教师对项目式教学的信心。

- PBL书籍推荐。我们会推荐相关书籍，以加深你对每一个项目式教学实践的理解。

附　录

附录部分额外提供了两个资源，可以帮助PBL教师进一步深造。

- 项目式教学评价量规。本书提供了一份完整的项目式教学评价量规，供教师参考。针对七大项目式教学实践中的每一项，我们都为新手PBL教师、进阶PBL教师以及黄金标准PBL教师提供了循序渐进的评价标准。作为PBL专业成长的工具，这套评价量规可以用于自我反思、职业培训或同事之间的切磋。

- 一份完整的学生学习指南样例。教师需要做出很多课程设计的决策，为实现黄金标准PBL打好基础。为了帮助读者体会一个学术严谨的项目需要包含的计划，附录里展示了一份填写完整的学生学习指南，它来自本书探讨过的一个项目案例（"审判革命"）。如果你需要下载一份空白的学习指南来做项目计划，请访问www.bie.org，并搜索"Student Learning Guide"（学生学习指南）。

Project Based Teaching:
How to Create Rigorous and
Engaging Learning Experiences

第 **1** 章

建立课堂文化
Build the Culture

积极的课堂文化会为 PBL 打造一个包容的学习共同体。

当泰兰尼娅·诺尔法老师教的高中生走进微积分预科课堂时，他们很清楚将要做什么。在教室的大屏幕上，老师已经详细写出了当天课前热脑活动①的说明。这个三分钟的个人活动会逐渐打开学生的思路，为之后的学习和项目做好准备。

典型的课前热脑活动可能是让学生解一个方程，并计算未来的大学开支。例如：

用公式 $A(t)=17907(1.04)^x$ 来计算艾丽娅上大学的成本。当她上大二时，每年要花多少钱？请记住，艾丽娅现在是 12 岁。

选项：

A. $25,487.20

B. $24,507.00

C. $23,564.40

D. $22,658.10

这可不是一个虚构的活动。这群来自美国俄克拉何马州西北克拉森高中的学生，正处在一个项目的早期阶段。他们将在这个项目中应用对指数函数、对数函数和有理函数的理解，为真实的客户制订理财计划。他们已经和七位客户见过面，并且了解了客户们的理财需求。这些需求包括为上

---

① 热脑活动（Success Starter）：一节课开头的几分钟对奠定学生的学习基调至关重要，却往往被老师用来收发作业和传达行政事项。而热脑活动，则可以将课堂最开始的几分钟直接切入有意义的、与学科内容高度相关的内容，例如，头脑风暴、围绕某个主题的提问等。——译者注

大学存钱（比如艾丽娅的家庭）、偿还房屋抵押贷款、制订退休计划或各种情况的组合搭配。学生已经开始尝试解决他们的驱动问题：如何设计理财计划，以满足客户的需求？

> ▣◁ 有关在 PBL 中建立课堂文化的配套视频，请访问 www.bie.org。

一旦学生完成了热身，诺尔法就会简单介绍当天的学习目标：创建一元方程来表示一个理财模型，并用它解决实际问题。

她提出问题："这个目标是什么意思？ 明确这个目标意味着什么？这个目标将如何帮助我们回答驱动问题？"然后让学生四人一组讨论这些问题。

学生先是进行简短的讨论，逐渐把新概念与他们的项目目标联系在一起。然后，全班再一起听诺尔法引入一个指数函数的新问题。诺尔法给学生提供了一些信息，刚好够他们启动探究。学生可以选择独立解题，与同学合作，也可以使用诺尔法准备好的辅助资料。

"你们今天也许解不出答案，可能明天也解不出。感到困难是正常的。"诺尔法一边提醒学生，一边开始在教室里走动和观察。学生知道，到第三天，他们需要向全班展示自己对问题的理解和解决问题的思路。

学生们开始讨论这道题目并比较各自的思路。有个女生没有参加讨论，只是安静地坐着。诺尔法在她的课桌旁停了下来。她抬起头，吐露心声："诺尔法老师，我的数学烂透了。"

"你记性太不好了吧！"诺尔法笑着回答说，"每次我们解题时，你都这么说。记不记得上次你怎么也想不明白一道题，可最后不也理清思路、豁然开朗了？还记得我们一起写的课堂公约吗？其中一条说的是'我们都有成长型思维'。而且要记得，你随时都可以来找我。"

为什么课堂文化对 PBL 很重要

课堂文化是多面的，而且很难定义。但如果你希望所有学生都能通过 PBL 茁壮成长，就必须建立恰当的课堂文化。在整个学校层面，文化包含共同的价值观、信念、观点、（书面和非书面的）规则，以及决定机构如何运作的各种利害关系（Çakiroğlu，Akkan，& Güven，2012；Kane et al.，2016）。公约、期待和传统进一步巩固了学校文化，包括从着装要求到行为规范，再到对进步的肯定所有这些内容。研究表明，学生往往在感到安全时学得最好（Scott & Marzano，2014）。强大的文化会鼓励学生努力、支持团队协作、激发学习动力，并使师生将注意力集中在学习的要点上（Deal & Peterson，2009）。培养能取得较高成就的文化，可以保证学习所需的条件，同时也传达出一种信念，那就是"我们是这个特别且优秀的集体中的一分子"（Fisher，Frey，& Pumpian，2012，pp.6-7）。

的确，文化与学习是如此密不可分，以至于被称为"隐性课程"①（Jerald，2006）。肖恩·斯莱德（Sean Slade）是一位研究儿童全面发展需求的专家，他认为学生在学校看到、听到、感受和互动的一切东西都会塑造文化。他进一步解释说：

> 在走进学校或教室的几分钟内，你就可以分辨、定义，甚至品味到充盈在这个空间中的文化。这是一个开放的共享空间，还是一个纪律严明的运动场？是安全融洽的，还是咄咄逼人、暗含冲突的？是欢迎各种想法和声音的，还是让你不敢吱声的？大家是在等待指挥和领导，还是在共同目标下自主自治？（Slade，2014，para.2）

课堂文化在 PBL 中扮演着相当重要的角色。当以培养学生的探究精神、冒险精神、坚持不懈的毅力和自主学习的能力为目标时，文化是如此

---

① 隐性课程（hidden curriculum）：学校的教学计划中并未明文规定，但通过教育经验间接产生的实践。——译者注

重要，以至于我们不能任其随意发展。为 PBL 建立恰当的文化，需要教师和学生不断努力和持续关注。PBL 文化不应该被藏着掖着，而应由大家共同建设和巩固。

⭐ **黄金标准项目式教学实践：建立课堂文化**

为学习确立了积极的文化后，你可以在师生、生生的互动中看到线索。建立文化的指标包括：

- 指导课堂运行的公约是由师生共同建立的，并由学生进行自我监督。

- 经常、持续地让学生的发言权和选择权发挥作用，包括识别学生想在项目中研究的现实问题。

- 在得到教师点到为止的指导后，学生通常就知道他们需要做什么了。

- 学生在健康、高效的团队中协同工作，就像在真实的工作环境中那样；教师很少需要参与到团队的管理中。

- 学生明白不存在唯一的"正确答案"或做项目的优选方式，也知道自己是可以冒险、犯错并从中吸取教训的。

- 学生对批判性反馈及修改的价值、坚持不懈的精神、严谨的思考以及高质量作品带来的自豪感具有共识，并能够彼此负责。

若需要完整的项目式教学评价量规，请参阅书后附录。

师生如何塑造文化

教师对文化的塑造有时是显而易见的，有时是潜移默化的。比如，在诺尔法的课堂上，文化反映在每天的课前热脑活动和其他课堂惯例中，它根植于对师生成长型思维的确信，甚至体现在教室的布置上——让学生四人围坐一桌来促进团队协作。这些元素有助于在相互关爱的基础上，促成一种融洽又兼具学术挑战的文化。

"我的学生知道我爱他们。"诺尔法说。她时常通过言语、手势和对学生的较高期待来强化这个信息。当然，也不乏一些幽默。

教育专家卡罗尔·安·汤姆林森（Carol Ann Tomlinson）指出，教师在建立积极文化中扮演的角色的职能类似于"为建立和谐的邻里关系而培养某种态度、信念和行为模式"。这类课堂"邻里关系"的特质包括互相尊重、感到安全、期待进步，以及一种"每个人都觉得自己受欢迎，并努力让其他人也感到被欢迎"的感觉（Tomlinson，2017，p.43）。

要找寻课堂文化的蛛丝马迹，PBL资深教师费罗泽·孟希建议，你可以像一个人类学家那样来审视自己的学习环境。他鼓励教师考虑："（在你的课堂上）大家共有的态度、价值观、目标和行为模式有哪些？你们使用什么样的语言？例行活动有哪些？你看到了哪些教室陈列品？"所有这些都会对学习的文化产生作用。

建立 PBL 文化的四个策略

让我们仔细审视对 PBL 特别重要的四个文化支柱：信念和价值观、课堂公约、学习环境，以及规程①和惯例。与每个支柱相对应的一系列教学策略和课堂传统，将帮助你和学生建立并巩固积极向上的 PBL 文化。

也请记住，一种行之有效的 PBL 文化可能会让一些学生不适应，尤其是那些只经历过传统教学方式或凡事听指挥的学生。随着引入更为民主的教学策略，例如共同制定课堂公约，你可以和学生探讨这样的活动有什

---

① 规程（protocol）：指一种结构化的操作步骤。使用规程进行讨论能聚焦讨论内容并促进学生反思。本章后续详细说明。——译者注

么目的和好处，并强调，在这个学习共同体中，每个人都为创造和维护文化发挥着重要作用。

尽管你很可能会在学年初投入更多精力在文化建设上，但文化建设实际上需要持续不断努力。它不是一个项目、一个口号或一次团队建设活动就可以搞定的。在一整年中，从一个项目到下一个项目，你需要持续地强化那些价值观、习惯和课堂惯例，以创设一个让所有学生都能通过 PBL 取得成功的学习环境。

雷·艾哈迈德在纽约市布鲁克林区一所有着多元文化的学校教高中化学。他承认，建立和巩固能让学生在 PBL 中取得成功的课堂文化并非易事："我们想教学生们尊重他人、互相倾听、共同合作，并形成学术思维。但想要在九月做到这些非常困难。而在二月，当他们彼此督促来遵守课堂公约的时候，一切就变得容易多了。"

信念和价值观：分享重要的事情

在每个项目的尾声，加州拉克斯珀市的中学教师丽贝卡·纽伯恩会要求学生给她提供反馈。正如课堂公约里说的那样，她会提醒学生提供友善、具体和有用的反馈："我问他们：'什么对你有帮助？什么没有？项目的节奏怎么样？动手操作多了还是少了？什么帮助你学到了最多的东西？'"

收回问卷后，她会用电子邮件联系每一个学生。"我可能会说：'我真的很喜欢你对项目节奏的反馈。你能再多说些吗？怎样做会更好呢？'"

学生们收到回复后，通常会特别惊讶。"他们会说：'我的天哪，你真的看了我们的问卷！'我以身作则地向他们示范，倾听反馈是我们课堂文化的一部分。我想让学生知道，他们的发言权是货真价实的。"开诚布公地展现你所重视的内容，有助于让学生把你视为学习上的伙伴和 PBL 旅程中的支持者。教师应当直接向学生传达他们的信念和价值观，并佐以行动。

例如，数学老师泰兰尼娅·诺尔法时常告诉学生，她相信他们每个人都能成功，即使他们过去数学学得不是很好。她的一个口头禅是："这里的每个人都很聪明。"整个学年，她每天都会跟学生谈论期待和目标。同时，她还将学习目标与学生的人生目标联系在一起。比如说，一个理财规划的项目对有志于上大学的学生就很适用。

诺尔法的许多学生都将是家中第一个上大学的人。"这意味着，他们家里没人知道上大学是怎么回事。"她说，"尽管我们的项目正在帮助其他家庭做理财计划，我也同时在帮助我的学生理解如何为大学做准备。"

同样，人文学科老师埃琳·布兰德沃尔德一有机会就会传播"无比积极的价值观"。举例来说，假如一个学生问她阅读单里的哪本书读起来最容易，她会回答说："你最感兴趣的那一本。兴趣是坚持的源泉。"

大多数 PBL 教师还持有这样一个信念：学生有权了解他们为什么要学习某个内容。PBL 把学术概念与现实世界联系起来，让这个"为什么"的答案显而易见。精心设计的项目很自然地解答了一个老生常谈的问题："我们什么时候才会用得上这些知识啊？"确保学生的努力付出拥有真实的观众，是教师为学习赋予意义的另一种方式。

对化学老师雷·艾哈迈德来说，PBL 的目标是"策略性地围绕学生关心的东西，帮助他们学习核心知识"。同时，他也十分关心学生在社交和情感上的需求。"这就是项目的价值所在。"他说，"通过引人入胜的项目，你可以同时满足学生在社交、情感和智力各方面的学习需要。"

尽管这些资深教师期望 PBL 能吸引学生参与，但他们也认识到，这种学习方式并不容易。在一言一行中，PBL 教师践行着他们的信念，相信学生可以迎接挑战，完成高质量作品，达成严苛的目标。

诺尔法的学生以前经常问："你为什么不直接告诉我们答案呢？"诺尔法回应的方式反映了她的信念和价值观："我尊重学生们的想法。如果他们想抱怨，我也会听。但之后我会告诉他们：'你需要成长。如果你总是等别人告诉你答案，那么将来等你不得不自己解决问题时，你就会无所适从。我会帮你为将来的成功做好准备。你很有可能会跌倒、被困住，这没什么错。调整呼吸，然后换一种方式继续尝试。'"

在她的评论中，我们可以看到成功的 PBL 教师共有的核心价值观和信念。这些价值观与信念，对建立有利于学习的积极文化至关重要。

课堂公约：创建一个 PBL 学习共同体

走进一个 PBL 的课堂，你很可能会看到写着课堂公约的横幅、海报或标语。上面的内容通常看起来和规则不太一样，因为规则往往是教师制定的，并且常常在强调什么该做，什么不该做（例如，"按时上课""不要说脏话"等）。规则讲求执行和控制，而公约则是师生对如何对待彼此的约定，以及大家作为一个学习共同体所珍视的内容。在 PBL 中，课堂公约有助于促进包容、尊重和公平的学习文化（参见图 1.1）。

图 1.1　文化支柱

在雷·艾哈迈德的教室里，课堂公约和积极的口号被贴在了醒目的位置。（照片经约翰·拉尔默授权使用）

对公约达成共识会为 PBL 打下坚实的基础。通过参与制定公约，学生能感受到他们在课堂运作方面是有发言权的。当他们努力维护这些公约时，他们会让每个人，包括他们自己、他们的同学以及老师，都负起责任来。这一过程改变了传统课堂的权力分配，让课堂变得更民主。

学生从自己的成长环境中带来各式各样的文化习俗、期待和行为模式，教育工作者同样也会带入自己的假设和偏见。创建课堂公约的目标是：重视每个人的特点和背景，同时建立起集体的共同期待，进而形成融合这两者的课堂文化。

让我们来看看表 1.1（见下页），这是诺尔法老师的几个高中数学班所采用的公约。这些公约强化了"公平且促进学习"的文化。你会发现，围绕创建公平和有吸引力的学习环境这一目标，表中的陈述对教师（"帮助学生理解"）和学生（"为自己发声"）来说，都是非常清晰和积极的。每个人在制定公约时都有发言权，同时也要承担落实它们的责任。

根据学生的年龄、心智水平、从前是否接触过公约，以及更大范围的学校文化，教师可以用不同的方式建立课堂公约。教师还需要考虑很多实际因素。例如，诺尔法每天都要教几个不同的班级。在学年初，她引入了一个迷你项目，提出了这个驱动问题：我们如何为数学课创造一个公平且有吸引力的学习环境？每堂课上，学生都对课堂公约进行头脑风暴，然后投票取得共识。之后，诺尔法对这些观点加以整合，最后整理出一套各班通用的课堂公约（如表 1.1 所示），其中包含了对学生和教师的期望。在诺尔法老师的数学课堂里，教师和学生都会承诺遵守这些约定。

拜访密歇根州诺维市的谢里·格里辛格老师的教室，你会看到一张明显是由她的二年级学生制作的课堂公约海报。上面包含了这样的约定：

• 让每个人都开心。

• 做聪明的选择。

• 照看好我们的东西并彼此照顾。

• 快速行动听指挥。

然后，师生会使用手势和简单的动作来强化他们的公约。例如，用手指敲一下太阳穴，可能意味着："我在努力做一个聪明的选择。"

表1.1　课堂公约

师生公约
以下是对教师和学生的公约。公约是我们作为一个班集体，为创建公平且具有吸引力的学习环境所达成的共识。我们将每周检查一次公约的执行情况。

教师公约	学生公约
1. 用不同的方式教学。 2. 用姓名来称呼学生。 3. 关心学生的感受，理解他们的处境。 4. 拥有良好的态度。 　a. 保持冷静。 　b. 使用友善的语句。 　c. 有耐心。 　d. 与学生问好和道别。 5. 帮助学生理解。 　a. 用合理的速度教学。 　b. 清晰阐述。 　c. 支持不同的学习风格。 　d. 抱着最好的期待。 　e. 必要时再说一遍。 6. 不随意旷工。 7. 尊重他人。 　a. 给予每个人需要的东西。 　b. 使用恰当的语言。 　c. 必要时给予他人空间。 　d. 在解释问题时使用鼓励的语句。 　e. 称呼他人姓名。 8. 拥有成长型思维。	1. 拥有成长型思维。 　a. 相信自己可以进步。 　b. 从失败中吸取教训。 　c. 不断尝试。 　d. 积极地看待自己的学习能力。 2. 用姓名来称呼同学。 3. 对自己的学业负责。 　a. 准备好学习资料。 　b. 发表自己的观点。 　c. 像专业人士那样。 　d. 遵守截止期限。 　e. 参与课堂活动。 　f. 准时来上课。 4. 听…… 　a. 老师说的内容。 　b. 同学的想法。 　c. 来访者的看法。 　d. 指令。 5. 不随意旷课。 6. 做一名优秀的小组成员。 　a. 提供优质的、有帮助的反馈。 　b. 保持冷静。 　c. 鼓励他人。 　d. 专注，不跑题。 　e. 为别人着想。 　f. 使用恰当的语句。 　g. 与同学和老师进行清晰的沟通。

再小的学生也能一起建立他们的公约。萨拉·列夫老师和她幼小衔接班的五岁学生会以这样的问题开启他们的学年："我们应该怎样对待身边

的同学？我们对这一年有什么期望？"学生立刻就会明白，他们是有发言权的。"这和我进入课堂并宣读规则太不一样了。"列夫说，"我会持续不断地问学生，他们的想法是什么。"

化学老师雷·艾哈迈德一开学就和学生着手建立积极的课堂文化："开学那几天，我完全就是在建立课堂文化和管理学生课堂活动。假如你选对了恰当的课堂活动，你想要建立的课堂规范顿时就能鲜活起来。"从第一天起，他就让学生以小组为单位进行学习活动。他以教练的身份参与他们的讨论，并和学生单独沟通他们的进展。他引入了诸如"画廊漫步"（详见第36页）这样同伴间提供批判性反馈的规程。"很快，学生们就开始热火朝天地相互交流、积极思考和共同合作起来。我在强化积极、正确的行为方面会做很多。这和告诉学生你不能做这做那是不同的。"

一些教师以全校公约为基础来设立自己的课堂公约。虽然不是每所学校都有全校公约，但在采用"积极行为干预和支持"[1]（www.pbis.org）以及"回应式课堂"[2]（www.responsiveclassroom.org）等教学法的学校中，全校公约的设立正变得越来越普遍。

阿比·施奈德约翰是加州圣何塞市施泰因多夫 STEAM 小学的四年级教师。这是一所公立磁石学校[3]。她在 2016 年建校之初就在这里工作了。施泰因多夫 STEAM 小学采用积极行为干预和支持教学法作为学校的教学框架。作为学校整体文化的一部分，所有年级的学生（和教职员工）都抱有这样三个共同的期待：我们关心和尊重他人、我们是负责任的决策者、我们解决问题。

---

[1] 积极行为干预和支持（Positive Behavioral Interventions and Supports，简称 PBIS）：学校可以采用的一系列改进学生行为的工具和方法，主张像学科教学那样去教授学生行为，以此来预防不良行为的发生。——译者注

[2] 回应式课堂（Responsive Classroom）：一种教学方法，注重将学生的社交情感需求和学术成就结合起来，会在课堂活动中加强学生的同理心、责任心、自控力等社交技能，让学生在更有归属感的环境中参与学习。——译者注

[3] 磁石学校（Magnet School）：20 世纪 70 年代在美国兴起的一种学校形式。它办学特点鲜明，会针对学生的兴趣爱好开设富有特色的课程，以吸引不同背景的学生，因此又称"特色学校"。——译者注

施奈德约翰老师从这些宽泛的陈述出发，让她的学生用自己的话来说明这些公约在他们的课堂里会有怎样的体现。一起写下对课堂的期待是一种合作体验，但这只是文化建设的开端。真正的价值会在日后不断巩固公约的过程中体现出来。"当新情况出现的时候，我们会重温课堂公约。例如，当拿到全班的 Chromebook 笔记本电脑时，我们讨论了如何有效地使用它们。那么，如何使用才算得上是恰当使用呢？"课堂公约为学生和教师都提供了一套共同学习的指导方针。

◎ 试一试：用"T 型表"生成班级公约

托德·芬利（Todd Finley）是教育博主兼东卡罗来纳大学英语教育学教授。以下是他对吸引学生参与课堂公约制定的分解步骤（Finley，2014）：

1. 首先，解释为什么公约对学习很重要（分享原因）。

2. 然后让学生以小组为单位制作 T 型表。左栏用来描述一些干扰学习的具体事例（例如，当有人犯了错，大家开始起哄的时候，我们就很难进行课堂讨论）。右栏用来描述一个防止这个问题发生的行为准则（例如，我们从错误中吸取教训）。

3. 教师以全班活动的方式，列出每个人提出的行为准则并引导讨论。哪些准则有助于建立信任和尊重？哪些会鼓励探究？哪些能让我们为了取得好结果而更努力？还缺什么？

4. 最后，让学生投票决定采用哪些公约。把最终的公约以教室陈列品的形式分享出来。比如，一张学生制作的上面有所有人签名的海报。

5. 在整个学年中，持续渗透这些公约，并鼓励学生互相监督和巩固公约。

学习环境：正确的东西很重要

PBL 的学习环境会透露课堂文化的蛛丝马迹。有的线索非常直观，比如，带轮子的椅子是鼓励学生灵活就座的工具。（如果你的学校还没有投资可移动的桌椅设备，你可以自己搞一个低配版：把网球套在椅子腿上，以便又快又安静地拖动它们。）有的线索则比较间接地透露出谁"拥有"这个学习空间。教室里是否有表面平滑的物品可供书写——比如海报纸、白板甚至窗户——以记录学生头脑风暴的内容？学生在项目期间被赋予了按需使用科技产品的权利，还是说，技术工具的使用主要由老师掌控？把工具交到学生的手中能增进学生的发言权和选择权，同时也能强化师生之间的合作关系。

阿比·施奈德约翰设计的小学教室旨在最大限度地发挥灵活性。椅子都有轮子，桌子是梯形的，可以组合成四人一组的长方形、六人一组的圆形，或者三人一组的半圆形。"整个空间都特别灵活。"她说，这样一来，很快就能实现项目中不同学习活动需要的空间布局。

这可不是说学生上课时在玩儿碰碰车游戏。课堂环境的布置要匹配当下的学习活动，施奈德约翰老师对此会精心考虑，也会对学生开诚布公。当项目需要合作时，学生就会将桌子拼成适合小组活动的形式；当学生需要独立思考的时候，她会提示学生"解体"，并在桌与桌之间留出空间。她也非常理解有的学生需要更多确定性。"如果总是换来换去，一些学生可能会无所适从。"

尽管像这样灵活的桌椅设备有一定的优势，但这对 PBL 来说不是必要因素。更重要的是这个空间如何促进由学生驱动的学习。

小学老师埃琳·甘农建议让学生参与教室布置，以此作为一项文化建设活动。"让他们自己决定成功完成项目需要的空间布局。如果他们自行设计了适合协作的工作空间，并且选好了座位，那会是这一学年的开门红。"

在一个对 PBL 友好的环境中，支持学习的材料和支架是随处可见、触手可及的。我们将在第 6 章探讨为学生的学习提供支架的策略，不过，这里有三个空间布置的选项，可以用来建设课堂文化。

项目墙。你可以为正在进行的项目专门开辟一块公告栏或其他醒目的展示空间。这样你就创设了一个中央控制台，它可以用来管理信息，突出即将到来的截止日期和重要阶段，提醒学生注意驱动问题、捕捉须知问题，并指出可用资源（参见图1.2）。尽管项目墙听上去比较像是适合低年级学生保持专注的工具，但它对高年级学生同样有效。教学指导员伊恩·史蒂文森借助项目墙这一工具来给高中生提供教学指导。这面墙不是一成不变的，而是一个动态的空间。学生在墙上张贴新的研究问题，用评价量规衡量自己的学习，并管理小组和个人的进度。如果所有学生都有电子科技产品可以用，那么一个线上空间也能实现同样的目标。

图 1.2　项目墙

在一个小学课堂上，问题和资源引导学生在一个语言文学项目中学习。（照片经约翰·拉尔默授权使用）

开头句式。在高质量的 PBL 中，学生的发言权和选择权是不可或缺的元素，但不是所有学生都乐意分享他们的想法。出于各种不同的原因，有的学生需要更多的准备时间或支持才能积极参与讨论。开头句式可以帮助讨论顺畅地进行。比如，这些开头句式会鼓励论证和批判性思维："我有另一种看法，因为⋯⋯""你有没有想过⋯⋯"或者"这些证据可以支持我的结论⋯⋯"对英语非母语的学生来说，开头句式强化了一种安全和信任的文化，学生从中可以学到如何有效和恰当地相互交流。

乱作一团的中间阶段。PBL 经常被开玩笑地称为"混乱的学习"。不要试图掩藏制作原型产品和打草稿过程中的杂乱。相反，要让它们一直能被看见。把学生的半成品当作提问、观察和提供形成性反馈的机会。以后会有充足的时间来展示他们经过打磨的最终成果。

🎯 试一试：课堂审核

对你的学习环境进行一次审核，寻找为学习创设积极文化的证据。在考核以下内容的时候，你注意到了什么？

- **学生看到的是什么。**照片、海报和其他艺术作品能够很好地反映学生的文化和多元背景吗？你正在建立的文化是否让人感觉宾至如归？学生有权选择展出哪些东西吗？陈列品是老师或学校购买的，还是学生制作或贡献的？
- **学生在想什么和说什么。**学生有没有用自己的话把想法记录在白板上，或者展示在课堂公约里？课堂环境是展示了学生在项目实施过程中的进步，还是只展示了最终经过打磨的成品？你有没有看到支持语言学习和为学术性对话提供支架的句子结构或单词墙？
- **座位安排。**你的教室布置有多灵活？学生能否为不同的学习活动（即个人、双人、小组）快速地调整座位？桌椅是否能满足特殊需求，比如，允许坐立不安的学生"摇晃"的凳子？

- **谁"拥有"这些东西。** 学生学习所需的工具、书籍和其他资源（包括科技产品）是否容易获取？
- **正在进行的学习过程。** 你能一眼看出这群学习者正在进行什么样的项目吗？是否有迹象表明，完成高质量的作品是大家共同的目标？例如，你是否看到了追求卓越的评价量规或其他衡量标准？是否给学生提供了高质量的作品作为学习范例？

基于你的审核结果，想想怎样调整学习空间以改善课堂文化。为了促进包容性，你可以怎样让学生或他们的家人参与到改进过程中来？

规程和惯例：以学生为中心的课堂应确立的习惯

规程和惯例在教育领域很普遍，这是好事。熟悉的流程可以提高效率，改善课堂管理效果，把时间和精力留给学习本身。经过重复，按惯例行事变得自动化，几乎不需要教师的指导或监督（Lemov，2015）。例如，对学生如何交作业或如何分发课堂材料，教师通常都会设定惯例。

规程是结构化的操作步骤，它能让讨论聚焦在特定主题或问题上，同时促进主动倾听和反思。假如运用得当，规程能确保小组中每位成员的意见都能得到聆听和评估（Mattoon，2015），这对建设小组合作的氛围很有帮助。

在 PBL 中，采取一些惯例来强化以学生为中心的学习文化是很重要的。作为教师，你如果不希望成为课堂里无所不能的专家，那就鼓励学生使用"先问三个同学，再来找我"这条惯例，以便他们相互获取信息。

在学生刚开始接触 PBL 时，他们可能会问，为什么学校"感觉不太一样了"。这是一个好问题，它指向课堂文化的核心，并值得认真回应。有一位 PBL 资深教师就提到，他会帮助每一个刚升四年级的学生摈弃以往强调被动和服从的惯例（例如，举手并安静坐在那儿等待，直到老师点了你的名字才能发言）。他期望课堂中有更多探讨，学生可以边参与项目，边交流学习。这并不意味着要忍受混乱。他用几个简单的手势帮助学生意识到什么时候需要控制音量，什么时候需要从小组活动转换成班级活动。

与惯例一样，规程在 PBL 中也不可或缺。通过使用"画廊漫步"这样的规程，学生能够学着提出和接受反馈意见，也学着借助反馈完善接下来的工作。

🎯 试一试：举行一次"画廊漫步"活动

画廊漫步是一种用于批判性反馈的规程。在这个活动中，学生可以从同龄人那里获得改进现有工作的点评意见。你可以在项目期间安排一次或多次画廊漫步，以此作为形成性评估的一部分。（小提示：在做任何批判性反馈之前，请确保学生已经掌握了提出和接受批判性意见的方法。可以考虑模拟整个过程，或者使用角色扮演、开头句式和其他活动来构建和强化积极的批判性反馈氛围。）以下是画廊漫步的基本步骤：

1. 把需要评价的作品挂在教室的墙上（或用电子文档展现）。作品可以是文本、故事板、产品原型或其他手工作品。

2. 展示反馈的过程。学生可以把反馈意见写在便利贴上，并将其贴在展示作品的旁边，也可以记在作品旁的反馈表上，或者使用电子设备来记录点评和问题。

3. 确保学生知道评判时要关注哪些方面。说明要运用的标准，或者让学生参照评价量规或检查清单来做。给学生一些建议的开头句式以框定他们的反馈意见（例如，"我喜欢……""我希望……""我想知道……"）。

4. 请学生安静地在房间里走动（或浏览电子文档），以便给出反馈，确保留出足够的时间来评估每一件展示作品。

5. 在画廊漫步结束后，让作品的创作者（个人或小组）来阅读和反思收到的反馈意见。之后，计划下一步的工作或下一版的修订。

所需时间： 20—30分钟，取决于展示作品的数量、评估的复杂程度以及分配给步骤 5 的时间。

另一些用法：

- 如果作品需要创作者先做出解释说明，其他学生才能够提反馈意见，就留一位小组成员驻守在作品旁，不参与浏览教室里其他作品的工作。

- 学生可以在自己创作的待估作品上贴一两个他们特别希望得到反馈的问题。例如："我们的产品听起来是否吸引目标受众？"或"我们是否提供了令人信服的例证？"

你可以访问 www.bie.org 了解其他批判性反馈的规程，例如，专家研讨会[①]和项目优化规程[②]。

除了画廊漫步，资深 PBL 教师还会利用大量的规程和惯例来建立和强化积极的课堂文化。你可以尝试以下这些方法（大部分将在后续章节中

---

① 专家研讨会（Charrette）：在研讨会上每个人会分享他们的进度和遇到困难的地方，向研讨会成员寻求帮助。——译者注

② 项目优化规程（Tuning Protocol）：一种结构化的讨论规程，能较有针对性且灵活地收集各类反馈，常用在项目计划阶段。——译者注

有更多阐述）。

晨会。教师在课程开始前定期召开晨会，可以比较容易地了解学生的学习状态。晨会（有时也叫作晨圈）有助于建立社群、强化关系、放大学生的声音，并支持学生的社交与情感学习（想了解晨会流程框架的更多信息，可以访问回应式课堂的页面：www.responsiveclassroom.org/what-is-morning-meeting）。

思考惯例。固定的思考惯例，如"思考—结对—分享"或"看见—思考—发问"，能培养 PBL 中重要的思维习惯，诸如好奇，同时加深学生对学习内容的理解（想了解更多例子，可以访问哈佛大学"零点方案"[①] 的页面：www.visiblethinkingpz.org）。

鱼缸会议。鱼缸会议是一种讨论的规程，它可以被用来做示范、讨论或者同伴反馈。"鱼缸"内（里圈）的一小群人积极参与讨论，而更大的一群人在外圈聆听和观察整个过程。之后学生可以交换里外圈的角色，这样，最终每个人都当过参与者，也当过观察者（想了解更多信息，可以访问"直面历史和我们自己"的资源页面：www.facinghistory.org/resource-library/teaching-strategies/fishbowl）。

收尾环节。一天课程结束后的惯例，是把学生聚到一起回顾这一天的进步和挑战的好机会，过程中也可以强化课堂公约。在项目执行期间，学生大部分的课堂时间都用于学习不同的内容或者和小组一起工作。收尾的惯例把每位学生拉回来，哪怕只是很短的时间，让他们可以重新回到大的学习共同体当中，并预判项目后续进程。埃琳·布兰德沃尔德老师会在每次课的结尾说："你们非常聪明、勤奋、坚持不懈。"

反思环节。反思环节的规程启发和邀请学生来思考自己的学习。如果能坚持运用，反思就会成为一种思维习惯。反思是黄金标准 PBL 的一个核心要素，这一点儿也不奇怪。

---

① 零点方案（Project Zero）：1967 年由哈佛大学教育研究生院著名哲学家纳尔逊·古德曼（Nelson Goodman）创建。他立志从零开始，消除科学教育和艺术教育研究之间的不平衡，并将这个项目命名为零点方案。——译者注

庆祝环节。对学习成果的庆祝不应该等到项目结束的时候才进行。在项目开展的过程中，可以用击掌、欢呼、碰拳和其他简单的惯例来庆祝小而重要的进步。

当向学生介绍新的规程的时候，花些时间解释这么做的目的。例如，画廊漫步让学生有机会看到其他同学尚未完成的作品，并为下一稿的改进提供建设性的意见。可以考虑使用角色扮演或者鱼缸会议来示范规程的使用方法。引入句子主干以强调规程。鼓励学生对比和分析有用和不太有用的反馈内容。

为了加强 PBL 的真实性，帮助学生理解他们在使用这些规程过程中培养的技能（例如，能够给出和听取批判性的反馈，或者能够理解他人的观点），不仅仅在学校里有用，在课堂以外的语境中也是非常重要的。

小规模项目打造强势开局

以一个迷你项目开启新学期或者新学年，是让学生熟悉 PBL 环节和进程的聪明做法。高中科学教师布兰登·科恩就没有用阅读作业或做实验来开启新学年，而是启动了一个迷你项目，让学生用信息图的方式制作自己的简历。这个起始项目是比较合理的。通过让学生寻找自己的技能、优势和兴趣点，教师能够与学生建立更深的连接。于是，"在学期的后期，当我们进入更严格的科学学习和更严谨的项目的时候，"科恩老师说，"我和学生已经建立了信任关系。"

这个信息图项目，也让科恩老师有机会引入工具软件，并教学生以图表的方式呈现信息。他知道，学生在课程的后续阶段会用到这些技能——他们需要制作标识来向公众展示他们的科学成果。同样重要的，是这个短期项目让教师有机会向学生介绍评判和修订的规程，这些规程他们在整个学期中都会用到。"这有助于为我们的课堂打好基础。"他补充说。学生在学年的一开始，就学习了如何提出和接受批评意见，以及如何利用反馈意见让后续的修订稿更加完善。

相对短时间、小规模、低风险的起始项目，"让你在课堂文化层面走得更深"。资深 PBL 教师费罗泽·孟希说道。和科恩一样，孟希老师在早期投入时间，教学生如何提出和接受批判性的反馈。他鼓励学生对完成高质量作品的成就感进行反思，以此在课堂上培育一种工匠精神。"发展这些复杂的技能需要时间。"他补充说，"我的工作就是帮助学生适应 PBL 的课堂文化。"假如你在早期建立了这样的课堂文化，学生会为应对学年后期持续时间更长、拥有更多知识难点的项目做好准备。

阿比·施耐德约翰也和她的四年级学生用一个起始项目进行课堂文化建设。尽管这所偏重 STEAM 的磁石学校成立时间不长，但它的教学楼却有些年头了。一些学生在以前就读的学校就认识，另一些则是新加入进来的。"我希望大家从开学第一天起就是一个集体。"她说，"我希望学生放学回家后还能对学校的学习兴奋不已。"作为启动项目，她请建筑工人向学生展示了翻修校舍过程中挖出的一枚时间胶囊[1]，从而引出了学生的驱动问题：是什么使我成为所在群体中独特的一员？"从那儿开始，"施耐德约翰说，"学生开启了对学校历史和自己过去经历的追寻。"

在这个时间胶囊项目中，学生参与日常调查、团队建设活动，还进行个人反思。"这些活动是教师在新学年开始想去做的，"施耐德约翰说，"但我们是在项目的语境下做这些。这让一切都流畅多了。"

项目的最终成果，是学生使用学校的创客空间制作自己的时间胶囊，这些胶囊都体现了学生的某些特质。然后，他们举办了一场展览，向家长展示他们的作品。家长给学生反馈意见，使用的句子框架和学生在批判性反馈时学的一样（"我喜欢……""我希望……""假如……"）。通过这个短期的项目体验，学生和家长完全沉浸到了 PBL 的课堂文化当中。"这是非常好的切入方式。"施耐德约翰说。

---

[1] 时间胶囊：把具有代表性意义的物品装入一个容器，密封后埋入地下或封存起来，以待在未来的某一个时间启封。——译者注

施耐德约翰的例子强调了投入时间和精力实施 PBL 文化建设的重要性。学习共同体中涉及的每一位成员，都应该感到自己是受欢迎的，并且是创设和支持积极课堂文化的一分子。这意味着，家长与教师、学生一样，也要积极参与进来。可以利用一些机会和家长建立连接——例如，返校之夜、家长会、班级简报、网页——让家长理解，为什么实施 PBL 的学校可能看起来或者感觉上与传统的学校不太一样。

这里还有两个迷你项目的构想，可以帮助你和学生快速启动学习。

破解谜题。在佐治亚州多尔顿市的莫里斯创新高中，当朱莉娅·卡格尔和汤姆·李执教新生学院的时候，他们以戏剧性的方式开启了新学年。学生到校报道后的第一周，发现有一个谜题等着他们去解答。为了破解谜题，学生必须提出疑问，审视证据，并和同班同学一起比对结论。坐着等别人给指示是没有意义的——要想揭开谜底，就必须积极行动起来。与此同时，教师有机会和学生接触并观察学生间的互动。"这是开启 PBL 的一种很酷的方式。"过去在这所学校担任教研员的埃里克·怀特说，"像这样的导入项目，强有力地开启了学习之旅，并且确立了团队合作的文化。在最开始就花时间向学生介绍 PBL 的步骤是很值得的。"

对口型表演①。"应用技术中心"是加州蒙特贝洛市的一所 PBL 型高中。在那里，学生在新学年的前两天制作了一个对口型表演的音乐视频来展现学校风貌。克丽斯特尔·迪亚斯老师将活动归功于学校学生领袖们的策划和组织。学生将这场表演看作建立学校荣誉感的一种方式，同时，这场表演也是给新进的九年级学生准备的一节 PBL 流程速成课。这个迷你项目是刻意设计成轻学科知识、重课堂文化的样式的。在两天的时间里，学生需要进行团队建设、头脑风暴、拍摄影片，并完成后期剪辑。过程中的失误为学生提供了返工的机会，强化了敢于冒险和从失败中学习的课堂文化。为了帮助成年人更好地引导这一次协作，学生领袖们制作了项目时

---

① 对口型表演（Lip Dub）：是一种将对口型、动作表演和配乐相结合的音乐影片创作形式。2008年，德国福特旺根应用科技大学数字媒体系的学生用这种形式创作了一个学校对口型表演，之后被世界各地的学生广泛采用。——译者注

间线和引导指南。这个迷你项目的设计，让每一位学生都有机会发挥自己的长处。尽管学生和教师都严肃认真地对待这项工作，他们也没忘了趣味性。迪亚斯说："这场对口型表演让学校成员走得更近，让我们有机会为实现同一个目标而努力，并建立一种文化——属于 PBL 的文化。"

🎯 试一试：树立团队精神

　　团队建设活动比起始项目耗时更短，对建立 PBL 所需的合作文化颇有助益。小学老师吉姆·本特利喜欢使用"绳索挑战"，或者广受欢迎的"棉花糖挑战"这样的团队建设活动。这些活动不涉及学科知识，主要关注点就是团队协作能力。为团队起名字或者设计一个图标，也是一种有效的团队建设活动。初中老师希瑟·沃尔珀特－高龙的新学年启动活动，是让学生团队打开她放在每张桌上的"逃脱密盒"。"每一把锁都需要学生通过合作找出一条线索才能打开。"她解释道。除了寻找线索，学生团队还需要合作解答和学科知识有关的测试题。（想了解更多用于教育的"逃脱密盒"活动，可以访问 www.breakoutedu.com ；更多团队建设活动，可参见"头脑奥德赛"网站 www.odysseyofthemind.com 上颇具创意的练习题；或者参考"游戏风暴"网站 http://gamestorming.com/category/gamesforopening 上让团队有效运转的小游戏。）

　　在团队建设活动之后，花时间让学生回顾：哪些行为帮助或阻碍了团队的努力？是否团队里的每位成员都有机会表达自己的意见和贡献自身所长？如果可以再做一次，想要改变哪些地方？

教学指导员笔记：文化建设器

　　如果你可以联络到学校系统中的教学指导员，可以让他们成为你在

PBL 方面进步的资源。例如，邀请教学指导员访问你的课堂，他看到或听到了哪些内容？这些内容能否拥抱并尊重学生不同的文化背景，鼓励学生发出自己的声音、做出自己的选择？缺少些什么？精通 PBL 的教学指导员或其他同事可以看到、听到额外的信息，帮助你优化课堂实践。

为了帮助教师建立鼓励学生思考和支持 PBL 的课堂文化，教学指导员米拉·李会使用非正式观摩、结构化的规程和课堂中的证据，来支持有效的辅导谈话。她会使用以下这些技巧。

暗访。这个规程是哈佛大学教授、《如何使学生成为优秀的思考者和学习者》（2015）[①]作者罗恩·理查德（Ron Ritchard）推荐的工具之一。首先，教师列出一份自己期望看到的、能够证明思考文化的清单。带着这份清单，李指导员在学生不在场的时候去教室查看，并拍了照片、做了记录。之后，她会针对采集到的证据向教师提问。例如，墙上"那些东西"有多大比重是出自学生之手？那些东西是讲述了学习过程中的故事，还是仅仅呈现了经过打磨的最终成果？教室里的陈列品多大程度上反映了学生的文化背景？有没有哪些信息是混淆不清的？

数据采集。李指导员会在上课时间进行简单的数据采集，以此来回应教师的请求。教师可能想知道学生提问的情况。于是，她会花 30 分钟时间在课堂上记录听到的内容：课堂上是谁在提问？学生提出的是哪类问题？之后，她会和教师进行辅导谈话，分享收集到的数据并询问："从中你有什么发现？"教师们通常会惊讶地回应说："啊，全是我在说！问题也都是我提的！"

非正式观察。非正式的课堂访问为李指导员和教师的辅导谈话提供了更多素材。这些观察越细致越好。例如，学生在传统课堂中使用的规程和思考惯例，是不是也能用于项目式学习？教师是不是搭建了足够的支架来支持学生的语言学习，并且强化对学术词汇的使用？学生是能在团队中融

[①] 英文原名为 *Creating Cultures of Thinking: The 8 Forces We Must Master to Truly Transform Our Schools*，中文版由中国青年出版社于 2017 年 9 月出版。——译者注

洽合作，还是需要学一些新的惯例来促进团队协作，之后再组成小组参与项目？

当谈到课堂文化的时候，李指导员补充说，需要时刻记得的，是PBL不仅仅指一个课程单元里发生的事情。"那是一种早在项目开始前就已经孕育的文化。当文化就位了，你能看到它，也能感受到它。"

不是所有教师都能获得教学指导员的支持。如果你的学校没有这样的服务，可以考虑邀请同事、年级组长或学科组长，或学校管理者来给你提供有针对性的反馈意见，帮助你完善自己的PBL实践。

要点提炼：建立课堂文化的策略

在本章中，你已阅读了一系列能帮助建立积极课堂文化的教学策略，这些策略将会给PBL中的所有学习者提供支持。有哪些策略你已经在使用了？有哪些策略是你下一步期待引入课堂的？

信念和价值观。你做的或说的哪些内容意在——

- 展示自己对所有学生都有很高的预期？你如何让学生知道，你相信他们可以成功（并且会在遇到困难时支持他们）？
- 鼓励学生追求卓越的文化？你如何激励学生把完成高质量的工作作为目标，而不仅仅是完成任务？
- 鼓励学生的成长型思维？你将如何通过言传身教让学生明白，想要获得好结果必须为之付出努力？
- 鼓励学生营建一个融洽且安全的团体氛围？你如何让每一位学生都能感觉到自己是集体的一员、自己的价值得到了集体的认可？

课堂公约。学生在设立和巩固共同学习公约的过程中是否有发言权？课堂公约怎样才能在更长的时间内维系积极的课堂文化，而不仅仅只是新学年伊始的一个仪式？

学习环境。怎样提升学习空间的灵活性，才能满足学生个人、小组和全班项目活动的需要？学生是否能直接获取他们在 PBL 项目期间所需要的工具和材料？还有什么是他们期待得到的？

惯例和规程。在本章提到的诸多惯例和规程中，有哪些是你已经在教学实践中使用过的？你将如何将这些方法运用到 PBL 中？

PBL 书籍推荐

《如何使学生成为优秀的思考者和学习者》：哈佛大学教育研究生院"零点方案"的资深研究员罗恩·理查德，在这本实用的书中深入阐述了对思考这件事的探究。他通过课堂片段和探索性问题，启发教师关注教学过程中的所有细节，包括使用的语言和引入的惯例，并仔细查看它们是如何促进学生发表意见、进行探究和发展对 PBL 来说至关重要的其他元素的。

《文化反应教学与大脑：在文化和语言差异化的学生群体中促进真实的参与和严谨的学习》[①]：本书作者、教育工作者扎雷塔·L. 哈蒙德（Zaretta L.Hammond），将神经科学的前沿观点与文化反应教学策略相连接。她对于消除学业成就落差的策略，来源于所有学生都可以进行批判性思考和深度学习的根本信念。

《精益求精：和学生共同创建具有工匠精神的课堂文化》[②]：罗恩·伯杰（Ron Berger），"探险学习学校"[③]的首席项目官员（在 PBL 圈内因出演短片《奥斯汀的蝴蝶》而被人熟知）。这本书为关注工匠精神和作品质量提供了强有力的支撑。

[①] 英文原名为 *Culturally Responsive Teaching and the Brain: Promoting Authentic Engagement and Rigor Among Culturally and Linguistically Diverse Students*。——译者注

[②] 英文原名为 *An Ethic of Excellence: Building a Culture of Craftsmanship with Students*。——译者注

[③] 探险学习学校（Expeditionary Learning Schools）：1991 年由哈佛大学教育研究生院和美国拓展训练组织联合启动的一种新型学校模式。核心理念来源于拓展训练，期望学习像探险那样令人兴奋。学生小组通过参与感兴趣的跨学科探究项目来学习知识和获得素养，属于 PBL 的一种形式。现在，美国运用"探险学习"理念设计教学的新型学校已覆盖 30 个州和华盛顿特区，超过 150 所学校。——译者注

《能获得身份认同的教室：有归属感又能学习的居所》[①]：资深教育家多萝西·M.斯蒂尔（Dorothy M.Steele）和贝基·科恩 – 瓦尔加斯（Becki Cohn-Vargas）使用了"能获得身份认同的教室"这个短语来描述一种学习环境。在这个环境里，每一个孩子都能感到受欢迎并渴望学习，尤其是那些总是经历失败、被规章严苛管教，或者被认为是负面典型的孩子。作者支持对所有学习者持高期待，把背景差异转变为资源，并鼓励学生做选择、为自己的学习负责。

《校园气候变化：我如何为学习创设积极的环境？》[②]：这本由彼得·德威特（Peter DeWitt）和肖恩·斯莱德共同撰写的小册子，阐述了促进公平以及创设安全、融洽的校园氛围的实用策略。

---

① 英文原名为 *Identity Safe Classroom: Places to Belong and Learn*。——译者注
② 英文原名为 *School Climate Change: How Do I Build a Positive Environment for Learning?* ——译者注

Project Based Teaching:
How to Create Rigorous and
Engaging Learning Experiences

第 2 章

设计与计划
Design and Plan

带着目的设计学习体验，
会为学生和教师充分发挥 PBL 的潜力奠定基础。

当中学教师金伯利·黑德－特罗特为六年级的英语语言文化和社会科学课设计项目时，她说："我在寻找一种能将学习内容与学生关联起来的方法。如果学习和学生息息相关，我知道他们一定会产生主人翁意识。"经验告诉她，将项目与学生的生活及社区联系起来，可以帮助他们更好地理解学习的目的。

当然，黑德－特罗特老师也把她需要完成的课标谨记在心。"那是我们必须教的。"她实事求是地说。不过，在钻到确立学习目标、与课标对应的细节里之前，黑德－特罗特老师会先关注她那些田纳西州纳什维尔市的学生的兴趣。例如，她从之前的谈话中得知，她在麦基斯萨克初中的学生对民权运动的历史很好奇。他们的祖父母很可能目睹，甚至亲身参与了在纳什维尔市发生的重大事件。这些事件让学生与历史建立了个人层面的联系。黑德－特罗特老师说："这份兴趣能成为维系一整个项目的驱动力。"

在本章中，我们将看到她如何把一个关于民权运动的灵感火花发展成学术严谨的项目，并且是具有很强地方特色的项目。这个项目的幕后故事将提供行之有效的策略，你可以在给学生设计和计划高质量 PBL 的时候使用。

准备开始

当教师刚接触 PBL 时，他们经常会问：项目设计是从课标开始好些呢，还是从一个肯定能吸引学生参与的想法开始好些？搞清楚这个先后顺序倒有点儿像先有鸡还是先有蛋的问题。而答案通常是"两者兼而有之"。

让我们先来看看去哪里寻找有潜力的项目点子。之后，我们将密切围绕核心项目设计要素，带你领略从灵感萌发到项目实施的设计过程。

你将在下面的例子中看到，项目计划也是在反馈、反思和修改的过程中越发完善的，与帮助学生在项目中产出高质量作品的方法如出一辙。

> 📹 有关设计和计划项目的配套视频，请访问 www.bie.org。

去哪里找优质的项目点子

就像 PBL 给予学生发言权和选择权那样，项目计划邀请教师做出选择并发挥创意。设计项目给了你一个机会，让你成为学生学习体验的架构师。为了启发思考，你可以参考各种资源，去寻找值得变成项目的点子。以下是一些曾启发过其他教师的策略。

借鉴并改良。 开始计划 PBL 最快的方法，也许就是去借鉴其他教师或其他项目的一个点子，并让它适应你的课堂情况。为此，巴克教育研究院运营了一个资源丰富的项目库，你可以根据年级和学科进行搜索（请前往 www.bie.org 查看项目库）。许多课程供应商也会提供现成的项目方案。你需要带着批判性的眼光审视这些项目，确保它们涵盖了黄金标准 PBL 的所有要素（详情见第 56 页所述）。要想查看 PBL 课堂实例，可浏览巴克教育研究院的视频集锦（www.bie.org），或在 www.edutopia.org 上查找其他 PBL 视频。

梅根·阿什卡纳尼来自密歇根州的诺维市，教四年级。对她来说，借鉴和改良巴克教育研究院的项目库中的点子给她的第一个项目开了个好头。她回忆说："当发现有现成的例子我可以稍做调整时，我脑海中只有一个词——谢天谢地！"她之所以有动力尝试 PBL，是因为看到了 PBL

对学生的好处，但她也承认："我担心会做错，也不清楚如何从零开始创建一切。那是一种很让人崩溃的感觉。能参考符合我们教学需要的项目例子，真是帮了我大忙。"有一个项目案例特别吸引她——学生需要以"鲨鱼坦克"[①]的方式介绍他们的发明。"我能看到项目的各个部分是怎样拼到一起的。如果孤军奋战的话，我可能没那么有创造力。"

重构。重新审视你过去教过的单元，看看如何将它们重构为 PBL。这样做的优势，是你对教学内容已经了如指掌，也充分了解了学生感兴趣的话题（或者说，他们可能对什么不来电）。如果在原本单元的教学中，学生问出"我们学这个有什么用啊"这样可怕的问题，你也许是时候把它重构成与现实世界接轨的项目了。

阿什卡纳尼以前在教议论文时，会让她四年级的学生给家长写一封信，阐述他们应该养一只小狗的理由。这是一份很有爱的作业，家长们似乎也很高兴收到这些信，但这一课并没有带来非常有意义的结果。从来没人真的得到了一只小狗！

随着阿什卡纳尼老师对 PBL 越来越熟悉，她发现可以把这节课重构为一个更真实的项目。其契机是近来人们对电脑游戏《我的世界》如何应用于教育的实事讨论。很多学生在放学后非常喜欢玩儿《我的世界》，他们都觉得，假如上学的时候也可以玩儿就太酷了。

基于这个灵感和先前改良现成 PBL 方案的经验，阿什卡纳尼老师准备好要去设计一个新项目，以学习议论文写作为目标。但这一次，学生写信（以及谈话）的对象将是更为公开的听众，是真正的决策者。学生的驱动问题是：如何能说服家校委员会购买教育版《我的世界》的学校使用权？学生们提出了令人信服且由研究成果支持的方案。他们用强有力的论证争取到了期待的结果。

倾听。学生提出的问题能为项目提供源源不断的灵感。关键在于，教

[①] 鲨鱼坦克（Shark Tank）：美国一档创业投资节目。鲨鱼指的是投资人，而创业者们需要在一定时间内介绍自己的项目来争取"鲨鱼们"的投资。——译者注

师要有意识地去聆听什么东西能吸引、启发或激起学生的兴趣，进而寻找这些内容和学习目标之间的关联。学生在晨会或聊天时提到了什么？在课堂讨论中，你有没有听到一些可能表明学生想要深入探讨某个话题的问题？

在教学生涯的早期，雷·艾哈迈德曾对这一问题感到困惑："我们如何吸引孩子们去关心成年人在乎的那些事情？"随着经验的积累，他发现他一直问错了问题。"我们应该问：'我们如何找到学生真正关心的事情，让他们参与到学习中来？'"这种思维上的转变帮助他设计出了来源于学生群体、关注点和兴趣的化学项目。"我常常在暑假里呆坐几个星期想要挤出一些项目点子，而孩子们想出的项目比我多得多，也好得多。"

如果你没有听到学生提出有趣的问题，可以试试通过调研他们的兴趣点来激发思考，或者让他们互相采访。有的教师在白板或墙上预留了一块区域专门用来记录学生有趣的问题，这些问题最后很可能就成了项目。

在罗得岛州，三年级教师洛里·拉夫伯勒（Lorie Loughborough）和琳达·斯平尼（Linda Spinney）正在讲授一堂比较传统的课程，内容是关于他们州的代表符号。这时一名学生问道："我们为什么没有州昆虫呢？"这个问题激发了项目的灵感。在那个项目中，学生们提议将濒危的美国埋葬虫指定为他们州的官方州昆虫。学生们不再只是浅显地学习本州的代表符号，而是深入研究了栖息地、濒危物种和政府运作。他们的努力取得了实际效果，说服州立法机关通过了一项法律，将他们最喜欢的昆虫定为州昆虫。

同样，高中教师迈克·格沃特尼鼓励学生通过积极参与公民事务来了解政府。学生选择他们想要着手处理的问题，然后计划行动，利用政府的力量实现改变。例如，有一个小组在市议会上，甚至最后在州立法机关面前据理力争，支持当地的一项枪支管控措施，以提高学校周边的公共安全。"我不希望学生只是阅读有关公民权的信息，"格沃特尼解释说，"我希望他们真正行使公民权。"

借助头条新闻来教学。在你的社区或世界范围里正发生什么事，会令你的学生议论纷纷？这些事情和你的教学内容怎样联系到一起？与其停留在简短的时事讨论上，不如设计一个有头条新闻冲击感的项目。

达拉·劳斯·萨维奇在特拉华州立大学的预备大学高中[①]教英语。当新闻中出现了有关奥斯卡奖提名的种族歧视争议时（用一个话题标签来总结，就是#*奥斯卡太白了*），她知道，根据这条新闻，可以设计出一个引人入胜的项目。于是，她创立了"卡特奖"这个项目，用以纪念历史学家卡特·G.伍德森（Carter G.Woodson）。伍德森被认为是"黑人历史月"[②]的发起人。萨维奇老师向她的学生提出了挑战，要求他们按照奥斯卡的模式设计自己的提名名单，并用写作、视频剪辑和批判性思维来支持几大类成就奖的提名名单。

将项目和流行文化挂钩。哪些书是学生用来消遣的？时下最受欢迎的电影或音乐艺人是谁？将项目与学生的文化趣味联系起来，是一种增进参与的有效方式。例如，教师利用诸如《饥饿游戏》这样备受欢迎的流行作品，设计了聚焦世界历史上极权主义崛起及其冲突的项目。

回应真实的请求。也许学生可以满足你的同事或合作伙伴的真实需求。他们的"客户"可以是非营利组织、当地政府机构、公司，甚至是其他年级的老师或班级。

吉姆·本特利在加州的埃尔克格罗夫市教小学高年级。几年前，他设计了用数字化工具讲故事的项目，以此教各科课程。他的学生在制作纪录片和教学影片上已经熟能生巧，以至于现在会收到为社区制作短片和公益广告的请求（他是如何管理这些内涵丰富的项目的，请参阅第4章）。

在艾奥瓦州得梅因市的艾奥瓦BIG学校的高中生，会定期与当地的合作伙伴一同开展项目。这些项目能激发学生的兴趣，帮助他们解决社区的

---

① 预备大学高中（early college high school）：指学生通过学习，同时获得高中毕业证书和大专学位或本科前两年学分的学校。——译者注

② 黑人历史月（Black History Month）：是起源于美国、于每年2月庆祝的纪念活动，在美国也被称为"非裔美国人历史月"。其目的是纪念美国黑人克服种种困难取得的成就，以及赞颂他们在美国历史发展中做出的贡献。——译者注

问题，并关注学术知识。基于这种真实的合作，学生设计了一门舞蹈治疗课程以促进人们对有特殊需求人士的包容，调查了无人机在农业领域的使用，还将一个废弃的肉类加工厂改造为娱乐场所。

从热情出发。关注学生的兴趣是项目点子一个很好的来源，但你不要忽略了自己的热情。你的热情是 PBL 灵感的另一个源泉。

初中老师兼博主希瑟·沃尔珀特－高龙分享了一个 PBL 设计小技巧——"我希望我对将要呈现给孩子们的东西感到兴奋……设计你所热爱的……以及你学生在那个年纪所感兴趣的"（Wolpert-Gawron，2014，paras.6, 20）。她经常从自己一直觉得有趣的想法开始，比如，超级英雄背后的科学，然后寻找这些想法和课标的关联。

与之相似，来自密歇根州大急流城的高中教师迈克·凯切尔对由市民主导的急流河（城市名的来源）复原工作产生了兴趣。他设计了一个雄心勃勃的跨学科项目，内容就是关于他的家乡大急流城的未来。直到凯切尔老师带学生沉浸到一个与本地相关，融合了历史、环境科学和语言文学的项目中时，学生才认识到这个问题的重要性。

与学生合作设计。从学生想要解决的问题或面对的挑战出发，与他们合作设计出涵盖学科学习目标的项目。高中老师雷·艾哈迈德就是用这种方式设计第二学期的化学项目的。这些项目不仅对学生有意义，而且符合高风险的毕业考试的标准。在第一学期刚开始向学生介绍 PBL 的过程时，他更注意自己在项目设计方面的带头作用。"今年早些时候，我倾向于由自己提出核心问题，"他说，"但是到了第二学期，孩子们已经准备好自己提出问题了。他们提出想法，实施想法，然后在专家小组面前对他们的发现做答辩。"他们最近的项目包括：利用无毒性的分散剂清理本地泄漏的石油、防止化妆品氧化，以及决定选用哪种除菌剂来控制当地湖泊的水华。在学生主动学习的过程中，艾哈迈德老师认为自己的角色，是将化学知识融入项目。"我清楚学科知识。确保项目中涵盖相应的知识内容是我的职责。"

加入现有的项目

与其初征 PBL 就孤军奋战，不如考虑一下加入现有的项目。这样，你就可以从已经开发完备的项目方案出发，根据你自己的情况进行调整；你还可以接触到一个或多个合作者，他们可以在项目实施过程中分享经验和智慧。

你可以通过下列网址加入正在进行的项目：

- e-NABLE（www.enablingthefuture.org）。这是一个由教育工作者和 STEM 倡导者组成的社区，指导学生将 3D 打印机用于人道主义项目。学生已经为有需要的儿童设计制作了义手，并利用 e-NABLE 平台让学生设计师和有需要的接受者建立联系。该网站也有支持学生和教师的学习资源。

- iEARN（www. iearn.org，国际教育与资源网络）。这是一个非营利的网络，吸引了来自 140 个国家的学生和教师参与协作，共同完成项目。教师可以加入现有的项目，也可以发布自己的项目，并邀请其他人加入。

- CIESE（www.k12science.org/materials/k12/technology/real-time-data，工程与科学教育创新中心）。该组织协调合作项目，让学生参与各种有关地震、空气污染等科学研究的实时数据收集。

- 走出伊甸园（http://learn.outofedenwalk.com）。2013 年，《国家地理》杂志的记者保罗·萨勒佩克（Paul Salopek）开始环游世界，追溯人类迁徙的历史，并在长达 3.4 万公里、历时 10 年的旅程中收集故事。他把这种方式称为"慢新闻"。教育工作者正在利用他的多媒体观察开展各种各样的项目，包括人类迁徙、故事讲述、跨文化理解、全球冲突等。哈佛大学的"零点方案"创建了一个名为"走出伊甸园"（Out of Eden Learn）的在线学习社区。在这里，教育工作者可以通过"漫步聚会"将学生联系起来，并交换彼此的意见。

高质量 PBL 计划的核心要素

一旦你有了项目的核心想法，就可以做设计决策，以此确定你的项目结构了。核心项目设计要素能指导这些决策。预想将要进行的学习，可以帮你规划重要的细节。同时，你应该保持足够的灵活性，以便项目在进行时有改动的空间。把你的计划看成蓝图的草案，而不是一步步的指示。

在不同的学科和年级，项目会有很大差异。有些项目是跨学科的，有些则专注于一个科目。项目可能持续几周或几个月。不同背景的教师都能使用同一个 PBL 框架进行项目计划和协作，而不受学科或复杂性的限制。

> ★ **黄金标准项目式教学实践：设计与计划**
>
> 无论是从自己的项目想法起步，改良已有的方案，还是与学生合作设计项目，你都需要关注关键的设计决策，为获得高质量的成果奠定基础。在黄金标准项目式教学评价量规中，设计和计划有以下指标：
>
> - 项目包含了设计量规中表述的所有核心项目设计要素。
> - 规划详尽，包含了学生学习的脚手架和评估方案，以及项目日程表。项目规划能根据学生的需要进行灵活调整。
> - 对项目所需资源已有充分的预期，并已提前做好安排。
>
> 若需要完整的项目式教学评价量规，请参阅书后附录。

PBL 计划的核心是学生的学习目标。在项目结束时，学生应该知道或能够做些什么？对这个问题的回答将帮助你弄清期望学生收获的核心知识和理解力。

PBL 的学习经历向学生发起挑战，让他们去深入思考并与不确定性做斗争。所以，你瞄准的学术目标应该足够严谨。如果那些知识你用一节速成课就能讲清楚，或者学生可以用谷歌搜索的方式找到答案，那就不值得投入与做有意义的项目同等的时间和精力。

除了掌握知识内容这一目标之外，还要考虑学生通过 PBL 的经历能发展或深化的成功素养。那些能够批判性地思考、解决问题、协作并管理自己学习的学生，为自己将来的求学、求职和成为社会一员将面临的挑战做好了准备。PBL 为学生提供了磨炼这些成功素养的机会，在项目结束后的很长一段时间里，学生仍将受益。

在计划过程的早期听取同事的反馈意见，能提升你最终的项目质量。完善项目规程、画廊漫步，以及和学科组或年级组团队协作制订计划，对征求批判性反馈来说，都是行之有效的策略。非正式的分享对你完善项目细节或促成与其他教师的合作也很有价值。

为了帮助学生达到你确定的有意义的学习目标，在计划项目时，你应该把重点放在以下这些核心项目设计要素上。

具有挑战性的问题或疑问。不应太难或太简单。恰当的挑战或问题能将学生置于舒适区的边缘，由此延展他们的思考力。开放式的问题和结构混乱的问题都允许有多种可能"正确"的答案或解决方案。

持续探究。从项目启动到最终反思，学生都在进行深度探究，寻求理解。这意味着他们需要提出问题、开展研究、实施调查，然后权衡证据以得出答案。驱动问题能串联和聚焦整个探究过程，并导向学习目标。学生在驱动问题基础上的追问被称为"须知问题"（即"为解答驱动问题而必须掌握的问题"），它被用来协助项目进程中的持续探究。

真实性。通过尽可能将学习内容和现实世界关联起来，你将能提升学生在项目中的参与度。寻找学习内容与现实世界联系的方法包括：

- 真实的环境。问题或挑战不是假的或模拟出来的，而是很容易与课堂之外的世界建立联系的。
- 学生正在做的任务、正在用的工具，以及需要参考的标准。这些能够真实反映出现实世界中人们是怎么解决问题和提出方案的。

· 工作所能产生的影响。学生们能够看到他们的付出是很重要的。

· 与学生的个人兴趣、关注点、价值观和文化相联系。

学生的发言权和选择权。学生自己做决定，并在整个项目中表达和捍卫自己的观点。

反思。在整个项目过程中，提示学生去思考他们自己的学习情况。反思能鼓励学生思考，思考他们正面临的挑战、已经克服的困难，以及所产出作品的质量。

批判性反馈和修改。在走向最终成果的过程中，学生在批判性反馈和修改的循环中改进他们的作品（并深化他们的学习）。来自多方面（包括教师、同伴和外部专家）的形成性评估，会为学生提供有用的、可操作的信息，帮助他们改进作品。

公开展示的成果。在项目结束时，学生会与课堂外的观众分享他们的最终成果、解决方案或论证。公开的受众是真实性的另一个方面。当学生知道他们的努力将对现实世界产生影响时，他们会更有动力去产出高质量的作品。与观众分享学生作品有多种形式，包括发表（在线的或纸质的）作品，举办公共论坛、推介会，示范表演。这些都是在课堂外的世界中分享想法的真实方式。

为了了解这些核心项目设计要素是如何塑造计划过程的，我们先来看看金伯利·黑德－特罗特的故事以及由此产生的"向纳什维尔进军"这个项目。

黑德－特罗特老师明白，她想利用学生对民权运动的兴趣来帮助他们达成学术目标，也培养成功素养。对这个项目来说，她关注的是英语语言文学的一条课标，该标准要求学生能够通过文本研究历史事件。通过让学生在团队中工作，她还计划培养他们的团队协作能力——她要关注的成功素养。

带着这些学习目标，黑德－特罗特老师的下一个挑战，是为她水平各异的学生找到合适的文本材料来沉淀学习。为了激发灵感，她和学校的图书管理员进行了头脑风暴。他们想到了许多书目，其中一本脱颖而出。

在一本名为《进军》（*March*）的图像小说①式回忆录中，国会议员约翰·刘易斯（John Lewis）分享了他对民权运动的个人体会。在权衡这个选项时，黑德－特罗特老师想的是："我的很多学生都爱读图像小说。我知道他们会喜欢这一本。对那些在阅读上有困难的学生来说，这些图画会对他们有帮助。而阅读能力强的学生也能够理解本文，并深入了解历史信息。这本书能让我因材施教。"

在此基础上，学生可以产出什么样的最终成果来证明他们的学习效果，也是黑德－特罗特老师要考虑的内容。她问了自己一连串问题，比如，什么东西能让学生在创造的同时，还能赋予他们一定程度的发言权和选择权？除了反思和修改之外，他们还可以怎样运用团队协作技能，在整个项目中互相支持？

这次又是与同事的头脑风暴让她想到了一个好主意。黑德－特罗特老师所在学校的多媒体专员向她介绍了一个名为 ThingLink②的工具，可以给数字化的内容加标注。有了这个工具，学生可以运用他们从《进军》一书中学到的历史知识，在他们自己的社区中创建一场虚拟的民权运动之旅。通过选择图片、撰写文字，并将这些信息与地理位置结合起来，他们可以讲述发生在纳什维尔市的为正义进军的故事，包括午餐柜台静坐抗议③和废除学校种族隔离制度的运动。任何人都可以用智能手机查看他们的作品，这样就把学生和真正的观众联系起来了。

创建纳什维尔历史地点的标注之旅，可以用于学生学习的总结性评估。作为学习的产物，学生做的数字化产品将展现他们是否达到"通过文本研究历史事件"这一英语语言文学课标的要求。为呼吁学生以本地历史

---

① 图像小说（graphic novel）：类似于漫画，有图片和文字，只不过图像小说的剧情更长、更复杂。——译者注
② ThingLink：一种多媒体互动工具。它可以给图片等素材添加音频、视频、资讯、地理位置信息等多媒体标注，也可以进行360度全景观看，从而达到虚拟游览的效果。——译者注
③ 午餐柜台静坐抗议：1960年2月至5月发生在纳什维尔市的一项非暴力抗议运动，主张取消白人专用的午餐柜台，废除种族隔离制度。——译者注

学家的身份行动起来，黑德－特罗特老师针对学习目标精心设计了一个驱动问题：作为历史学家，我们怎样设计一款虚拟的民权博物馆应用程序，以保存纳什维尔对民权运动产生的影响？

黑德－特罗特老师开始着手设计项目了。一旦她明确了关键的学习目标、驱动问题和能够考查学习状况的最终成果，她就有了项目"骨架"。

她的下一个挑战是设计更多问题来填充这个骨架。还有哪些课标可以涵盖进项目里？哪些学习活动放进项目进程表比较合适？应该如何设计形成性评估，以确保不同层次学生的需求得到满足？如何在启动项目的第一天就吸引学生的高度参与，并让探究在整个项目中持续进行？之后还有很多需要筹划，不过，她确信"向纳什维尔进军"这个项目会把学生带往有意义的方向。

🎯 试一试：在项目计划过程中咨询专家

有趣的项目常常会赋予学生一个具体的、真实的角色。例如，驱动问题可能会是：作为环境科学家，我们如何在操场上给野生动物创造一个栖息地？作为艺术家，我们如何让人们关注影响我们社区的社会问题？作为化学家，我们如何运用化学知识来改善本地的饮用水质量？

如果你本人对这些角色没什么了解该怎么办呢？和你的话题或学科内容相关的专家可以在项目计划期间提供有用的反馈。邀请专家提意见，可以确保你所计划的项目能够挑战学生像专业人士那样去解决问题。

为了更好地理解专家是如何工作的，你可以问他们一些具体的问题来帮助你计划项目。例如：

- 你如何确定研究论题？
- 你如何进行研究或收集证据？

- 在你的工作中，有哪些实用工具？
- 在你的领域中，团队协作有什么作用？
- 你所在学科领域的质量标准是什么？你如何定义优秀？
- 你所在领域中的专家如何分享或发表他们的成果？

　　去哪里能找到专家进行采访？要与各行各业的专业人士建立联系，你可以先从家长群体开始。既可以询问职业，也可以问问爱好。你可以通过接触本地企业，附近的学院、大学以及非营利组织来开拓你的专家网络。别忽略了大学社团和专业组织，它们都可以看作专业资源。

　　你把专家的思维模式和工作方式越多地引入 PBL，你的项目就会变得越真实。

既详尽，又灵活

　　你的 PBL 设计应该包含多少天的教案？一方面，你的教案不应该照本宣科，给学生的发言权或选择权留下很少的空间；另一方面，在跟学生启动项目之前，你的确要仔细考虑学习支架、评估方案和项目日程表。这些能帮你为应对学生主导的课堂上时而出现的混乱学习做好准备。

　　例如，金伯利·黑德－特罗特老师在设计"向纳什维尔进军"时，就考虑了所有学生都要参加的学习活动，首先是启动项目的"入项活动"。对入项活动，她计划了一次户外教学，去纳什维尔公共图书馆参观民权展览，并在历史学家的帮助下探索一手资料。她说："触摸历史，是为了让学生和我一样为这个项目感到兴奋。"

　　黑德－特罗特老师也知道，她将面对阅读能力参差不齐的学生，因此，她的方案里包含了帮助所有学生取得成功的学习支架。在项目初期，她打算给全体学生朗读课文的一部分，示范良好的阅读是什么样的；在项目的后期，她计划将不同阅读能力的学生配对进行特定的读写活动。"如果一个学生阅读能力较差，我可能会在进行配对活动时让另一个学生念给他听。"她还计划为那些需要以其他方式了解课文内容的学生准备好音频资料。

在泰兰尼娅·诺尔法老师设计的高中几何项目里，她同样考虑了不同学习者的需求。这个项目要为客户的大家庭设计房子并满足具体的需求。为了帮助英语非母语的学生讨论数学，她准备了一串句子框架来辅助他们勾勒出自己的想法。为了让接受特殊教育的学生能清楚项目的要求，她起草了一份关于设计规范的检查清单。

"我以为我已经计划好了他们需要的所有学习支架，"诺尔法老师说，"可还是不够。"在开始项目时，学生对这个设计挑战感到很兴奋，"但一旦遇到数学问题，他们就像多米诺骨牌一样一个个倒下了！"诺尔法老师从形成性评估中能看到，很多学生搞不清楚基本的数学概念。"这些都是他们已经学过，但很久没用的概念。他们需要复习一下。"

诺尔法老师马上转换思路，帮学生重温数学概念。她指定了数学概念掌握得不错的两位学生作为同伴小助教。学生们可以从老师或两位小助教那儿得到帮助。虽然诺尔法老师不得不修改项目日程表（见下页表2.1），以便有时间复习，但为了学生的学习效果，这时间是值得花的（更多关于为学生的学习提供支架的内容，详见第6章）。在诺尔法老师和微积分预备班的学生做的另一个项目里，她注意到有些学生很难独立完成工作，这也迫使她要略微调整一下自己的计划。她增添了一个周计划工具，让每位学生描述各自在团队中的角色以及当周要完成的任务。而同时，她的项目计划对那些自主能力更强的学生也保持了灵活性。

"如果学生学完了该研究的东西，并早早地在截止日期前完成了任务，那就太棒了！他们可以利用剩余时间去做其他领域要做的事情。我不会只为让他们有事可做而故意让他们忙起来。"她说，"他们都是即将毕业的学生，知道合理利用时间是一项生活技能。"

表 2.1　项目日程表样例

项目：理财	项目日程表		项目时长：18 天		
	项目第 1 周				
	星期一	星期二	星期三	星期四	星期五
	目标 我可以分析复杂任务的各个部分，并确定寻找解决方案的切入点。	**目标** 我可以描述不同的投资工具、利息和理财计划的基本情况。	**目标** 我可以描述不同的投资工具、利息和理财计划的基本情况。	**目标** 我可以问有用的问题。	**目标** 我可以用一个一元方程表示一个金融模型，并用它解决一个问题。我可以寻找并利用各个金融方程的框架。
	活动 / 课程 入项活动：介绍客户。组建项目团队，进行团队建设。学生使用逐步自主的学习模型①完成问题解决表，由此来支持阅读困难的学生和英语语言学习者。学生复习理财和投资计划的模型。学生向家庭和投资规划师提问。	**活动 / 课程** 向学生介绍理财规划师。理财规划师讲解理财规划的基本知识，此时学生须做相关笔记。演讲后应有简短的问答环节。提供信息组织图②让学生做笔记。项目团队就完成项目任务达成一致。	**活动 / 课程** 团队从理财规划师那里查看理财计划，并运用自己的观点，以选出自家庭理财计划的形式。团队基于这选择的理财计划，按照专家讨论会规程完成一次讨论。学生根据反馈调整计划，并更新向家庭提出的问题。	**活动 / 课程** 把学生介绍给家庭，负责采访的学生（按能力来选择）在通能力来选择的沟通能力来选择）在采访家庭的时候，其他人做笔记。学生候采访家庭。学生更新问题解决表。	**活动 / 课程** 学生在 TI-Nspire 计算器的帮助下，研究基本的复利公式。
	评估 / 可交付的成果 学生提出的问题、问题解决表，以及关于问题解决过程中面对的挑战和成功的讨论。	**评估 / 可交付的成果** 下课演行证（见第 110 页注）。向家庭提出的最新问题。	**评估 / 可交付的成果** 向家庭提出的最新理财计划格式表。	**评估 / 可交付的成果** 采访流程的讨论记录、采访记录，日志记录和更新的问题解决表。	**评估 / 可交付的成果** 研究结果。小组的反思以及有关团队协作技巧的课堂讨论记录。

① 逐步自主的学习模型（gradual release model）：该模型旨在让教师逐步地逐步把学习的责任交给学生。其过程包括教师做，教师和学生一起做，学生一起做和做给学生自己做。——译者注

② 信息组织图（graphic organizer）：把事实、概念、想法及其关系用可视化的图表展现出来的一种思考工具，例如，思维导图就是一种可视化的信息组织图。——译者注

项目日程表

项目：理财	项目第2周			项目时长：18天
星期一	**星期二**	**星期三**	**星期四**	**星期五**
目标 我可以用一元方程表示一个金融模型，并用它来解决一个问题。我可以寻找并利用各个金融方程的框架。我可以绘制函数数图并解释其重要特性。	**目标** 我可以用一元方程表示一个金融模型，并用它解决一个问题。我可以寻找并利用各个金融方程的框架。我可以绘制函数数图并解释其重要特性。	**目标** 我可以用一元方程表示一个金融模型，并用它解决一个问题。我可以寻找并利用各个金融方程的框架。我可以绘制函数数图并解释其重要特性。	**目标** 我可以用一元方程表示一个金融模型，并用它解决一个问题。我可以寻找并利用各个金融方程的框架。我可以绘制函数数图并解释其重要特性。	**目标** 我可以做一个说明性的计划，来帮助一个家庭了解实现理财目标的方法。
活动/课程 学生完成几天前开始的调查。全班讨论计算是如何与他们要创建的理财计划相关联的。教师示范其他金融公式。学生用他们家庭理财计划解决问题相似的公式练习题。	**活动/课程** 教师回顾研讨会公约。学生完成一个关于金融计算的苏格拉底式研讨①。用提供开头勾式的方式和图形式的信息组织图来辅助讨论。	**活动/课程** 教师示范做一份财务报告。学生制作自己财务报告的第一稿。学生给其他组员提出表扬、问题和建议。	**活动/课程** 学生利用前一天的反馈完成他们的财务报告。小组开会查看他们的项目完成进度。	**活动/课程** 教师说明如何利用财务报告、计划。学生做他们的理财计划。
评估/可交付的成果 金融计算学习单。	**评估/可交付的成果** 日志记录研讨会中的回应。	**评估/可交付的成果** 表扬和研讨一建议表。	**评估/可交付的成果** 财务报告。	**评估/可交付的成果** 出场反思以及有关团队协作技巧的课堂讨论。小组的反思以及有关团队协作技巧记录。

① 苏格拉底式研讨：针对某一文本（也可以灵活电影小说等内容）进行的正式探讨。引导员提出开放性的讨论问题之后，参与者进行论证式的对话，以引发更多的批判性思考。——译者注

项目日程表

项目：理财		项目时长：18 天		
		项目第 3 周		
星期一	星期二	星期三	星期四	星期五
弹性工作日	**目标** 我可以做一个说明性的计划，来帮助一个家庭了解实现理财目标的方法。 **活动/课程** 学生做各自的理财计划。理财规划师与每个小组碰面，给他们的进展提供反馈。 **评估/可交付的成果** 出场反思问题。	**目标** 我可以听或读别人的计划，并提出有助于澄清事实的问题，并提出改进建议。 **活动/课程** 教师用鱼缸会议法示范与课堂相适应的作品优化规程。学生完成作品优化规程。 **评估/可交付的成果** 出场反思问题和日志记录。	**目标** 我可以做一个说明性的计划，来帮助一个家庭了解实现理财目标的方法。 **活动/课程** 小组根据作品优化规程的反馈结果，修改他们的项目。小组查看他们的项目完成进度。 **评估/可交付的成果** 理财计划。小组的反思以及有关团队协作技巧的课堂讨论记录。	**目标** 我可以做一个说明性的计划，来帮助一个家庭了解实现理财目标的方法。我可以用数学解释我的理财计划，向家庭展示计划。 **活动/课程** 小组根据作品优化规程的反馈结果，修改他们的提议。小组练习向家庭展示计划。 **评估/可交付的成果** 理财计划。

项目日程表					
项目:理财			项目时长:18 天		
		项目第 4 周			
弹性工作日	星期一	星期二	星期三	星期四	星期五
		目标 我可以用数学作为辅助,向家庭解释我的理财计划。 活动/课程 小组练习向家展示计划。向其他小组、理财规划师或诺尔法老师提交报告,并根据反馈修改报告。 评估/可交付的成果 展示观察记录。	目标 我可以用数学作为辅助,向家庭解释我的理财计划。 活动/课程 小组向家庭进行展示,然后举行庆祝活动,并对协作技巧和整个项目进行最终反思。 评估/可交付的成果 展示。 团队协作技能的自我和同伴评估。		

来源:俄克拉何马州西北克拉荦高中泰兰尼娅·诺尔法老师。

资源就位

学生在项目中会用到哪些资源？这些资源是现成的，还是需要四处搜集的？在项目计划阶段，你要对关乎项目成败的那些重要资源有所预期。这些资源包括诸如阅读材料那样的传统辅助工具，也包括技术产品和外部专家。

在"向纳什维尔进军"这个项目中，金伯利·黑德－特罗特老师知道，有一种特定的技术工具——ThingLink（www.thinglink.com）是必不可少的，用它来制作移动设备可以访问的纳什维尔电子地图。利用这个工具，学生可以为民权运动期间的重要地点加标注，成为内容创作者，并向公众分享他们的成果。然而，黑德－特罗特老师对这个工具用得也不太熟。

她的计划中有一部分就是聘请学校的多媒体专员来支持学生使用科技工具。这样一来，黑德－特罗特老师就不必成为数字技术的权威专家了。学生可以在图书馆里制作他们的地图，在有需要的时候向多媒体专员寻求支持。

你在考虑项目所需的资源时，请同时考虑一下学生可能会需要的"东西"和能够提供支持、建议或信息的人。例如：

- 科技工具可能会在整个项目中发挥作用。想想你要实现的学习目标——比如，使用一手资料进行研究、科学模拟或协同写作——然后寻找能够满足这些目标的数字化工具。为更有意义地结合科技产品做计划时，你可以请教学校的多媒体专员、图书管理员或者教学技术培训师。

- 内容专家时常在 PBL 中扮演着重要的角色。学生可能需要在研究过程中与专家沟通，或者是在完善和修改作品时，请专家给他们的原型设计或解决方案提出专业反馈。要寻找愿意提供帮助的专家，你可以去联络家长群体、企业、非营利组织或大学。明确你需要专家们做什么，确保他们不必投入太多时间。

- 现实生活中的问题通常涉及多个学科。在项目计划阶段，你可以考虑一下跨学科学习的可能性，在计划阶段就去接触其他学科的老师。你们也许可以组队，哪怕只是为了完成项目中的一部分。例如，如果一个社会研究项目需要设计问卷和数据分析，就可以让学生运用正在学习的数学或统计学知识。同样地，在一个科学项目中，可以在撰写研究概要时寻找其与英语语言文学课的联系。

- 根据项目的不同，学生可能想利用创客空间、理科实验室、艺术工作室、音乐或视频制作工作室来制作他们的产品或原型。如果你的学校没有这些设备，你也许能帮学生联络上社区里的资源，比如公共图书馆。

◎ 试一试：让其他成年人参与到项目中来

对一个相对简单的项目，或者对你的第一个项目（假如你刚接触 PBL）来说，你可能会决定，除了自己之外不再让其他成年人参与。不过，为了提升项目的严谨性、真实性，增加学生的动力，并让学习和现实世界产生联系，让课堂外的成年人参与进来很有帮助。他们可以是其他教职员工或家长，也可以是更有影响力的社区成员、专家、专业人士和组织代表。有很多种让成年人参与进来的方式：

- **内容专家**。邀请演讲嘉宾进课堂，或与专家远程连线，让他们提供信息或教授学生能用在项目上的特定技能。
- **导师**。导师和演讲嘉宾或专家类似，但他们会在更长一段时间内和学生更紧密地合作。可以安排几位导师，同时跟进不同的个人或小组。
- **观众或评委**。邀请其他成年人来观摩学生的作品。可以安排在项目的高潮阶段，也可以在学生制作产品和为驱动问题寻找答案的阶段，并将其当作形成性评估。在观摩的过程中，专业观众可以通过提问来探查学生的理解程度和工作过程，也可以为评估学生作品发挥作用。
- **客户或产品用户**。课堂外的成年人或他们所代表的组织可以要求学生做些什么，或者解决某个问题，从而为整个项目（从入项活动开始）提供着力点。例如，在谢里尔·鲍蒂斯塔老师的"小房子"项目里，她召集了社区成员，让他们告诉学生各自对小房子的需求，后期他们还会听取学生为他们制作的提案。

邀请成年人参与一个项目时，请记住以下几点：

- 如果方案可行且合适，不妨让学生也参与到寻找课堂外的成年人并寻求帮助的过程中来。
- 确保你的"邀请"具体描述了他们的任务，并清晰地表达了期望他们投入的时间。

> - 问问你的同事、私人朋友以及家长群体里的成员，看看他们是否认识其他专业人士、专家或组织。即使不认识也不要害怕提出请求，因为大多数人很乐意提供力所能及的帮助。

更高要求：为公平和影响力而设计

更进一步的设计决策有助于促成 PBL 中的重要目标：公平和影响力。泰兰尼娅·诺尔法老师在计划项目时考虑了所有的核心项目设计要素，但她并没有就此打住，而是在计划过程中额外考虑了三个因素，尤其是在项目要面向的是低于年级平均水平、生活阅历少或英语非母语的学生的时候。她介绍说：

第一，我总是想让我的学生接触一些他们今后在工作岗位上能够用到的数学。在微积分预备课里，学生们了解了理财顾问的工作，并开始考虑将来从事这个职业。与几何学关系密切的职业是设计，学生们在设计一栋房子时必须运用几何概念，他们也看到自己有成为建筑师的潜力。

第二，我不希望有限的阅历成为学生们的障碍。这意味着项目必须是所有人都能参与的。无论他们是住在公寓里，还是住在独栋的楼房里，他们都对居住有体会，有一些认知基础。我们不需要大量地铺垫"家"是什么意思。

第三，当学生的水平不一时，我希望每个人都能参与其中。每个学生都需要有一个可以掌握知识并不断成长的平台。

同样，雷·艾哈迈德老师也希望他的学生——大多数生活在贫困中，很多人有特殊需求——学会为自己发声。"我们注意到，社区里的孩子不知道如何为自己发声。这极大阻碍了他们在高中、大学和学校以外取得成功。我们需要在课堂环境里教他们说出自己的心声。"艾哈迈德老师把开会作为一种 PBL 教学支架，以此鼓励学生为自己说话。

"当他们来参加会议的时候，他们知道内容会基于他们发现的一个问题、疑问或挑战。他们已经想了一些解决方案，但是，他们还需要一些帮助才能想得更透彻。"通过反复练习，学生的自信心就会增强。"我们发现这些孩子上了大学后，在遇到困难时会更有信心与教授沟通。他们在还小的时候就练习过这些，并开始珍视这份自主性。"（更多关于艾哈迈德对会议策略的运用，请阅读第 6 章）

对初中老师丽贝卡·纽伯恩来说，还有一个需要考量的因素。她希望学生在做完科学项目之后，能感觉自己有能力在未来做出明智的决定；希望学生懂得如何对他们重视的问题施加影响。

"我可以用一节课来阐述为什么气候变化是一个重大的问题，"她说，"但学生可能会对此置若罔闻。我让他们把这个问题与自身联系起来，并提出更深层次的问题。这（气候变化）与我的生活方式有什么关系？我能做出什么样的选择来改变现状呢？"

在一个项目的尾声，纽伯恩老师会注意观察学生是否真正领会了科学知识。除此之外，她还希望学生能够认识到自己可以采取什么样的行动。"他们可能记不住热能这一知识点的每一个细节，"她承认，"但他们已经充分理解了大框架，能够提出好的问题，并进行批判性思考。"

教学指导员笔记：如何寻找听众

在设计和计划阶段为教师提供可行的反馈，是教学指导员的职责。詹姆斯·费斯特曾是一名 PBL 教师，后来转行当了教学指导员。他与初中老师丽贝卡·纽伯恩合作，帮助她理清思路，想出了一个有关气候变化的雄心勃勃的项目。

他分享了一些合作过程中的观察，以及他如何通过提问引导出一个设计更为精良的项目：

> 在指导教学的时候，我通常不是那个学科的专家。我以前是一名历史老师。我能对数学和科学有多深入的了解呢？纽伯恩老师显然是她这一学科的专家。我们俩一起，能把细节谈清楚。我们明白，如果我能理解她的计划，那么她的学生也可以。
>
> 每次我们坐下来一起备课时，我都会问："结束了这一天的学习后（或结束了这个项目后），你希望学生学会什么？"接着，我们会一起寻找切实可行的方法，帮助学生自己达成理解并得出结论。她如何能让学生通过不断的探究和思考来学习？我一直在问这个问题，因为这就是 PBL 的关键。
>
> 她的目标之一是让学生更多地谈论科学。我们考虑过用讨论规程让学生使用学术语言。她想到一个主意——把写有句子主干的小卡片立在桌子上。这太聪明了！想让学生好好讨论，就得提供能使他们专注的东西。
>
> 另一个我们讨论过的想法，是确保这个项目符合初中生的独特需求。你真的应该想想项目的受众。他们身心发展的需要是什么？我们知道，初中生重视社交，所以任何能让他们说话、交流、互动的规程，对这个年龄段的孩子来说，不仅重要，而且必不可少。如果没有这些触发点，他们就会闲扯别的话题。
>
> 我们查看了她的项目日程表，讨论学生上一次有机会站起身来和别人聊天是什么时候，以及她计划在什么时间点让他们口头分享自己的学习状况。我们不断修改方案，定期将这些活动纳入其中。

此类协作不需要大块的时间。通过插空进行 15 分钟迷你咨询并有效利用时间，费斯特和纽伯恩取得了可观的进展。"每次咨询的结尾，我们都会讨论接下来的行动步骤，即在下次见面前，我们每个人需要做些什么。"费斯特指导员回忆说，"事实证明，这是我们合作中的一个重要公约。"

让你自己的项目重新焕发生机

刚接触 PBL 的教师常常会想：是否每学年都要从头开始筹划项目？简单来说，不是。许多长青项目适合反复使用。有的项目可能需要更新，以便保持内容的及时性和相关性。资深 PBL 教师对自己的项目会做例行的反思，邀请同事和学生给出反馈，说说下一次如何做得更好。

加州戴维斯市的两名资深 PBL 教师认为，光做到"好"是不够的。在对"战争中的美国"这一颇受欢迎的跨学科项目做了批判性的研究后，他们对项目进行了重构，以加深学生的学术理解并拓展其与社区的联系。在达·芬奇宪章学院教授英语和历史的泰勒·米尔萨普老师表示："这个项目从一个看上去相当不错但规模较小、关注面较窄的项目转变为一个大而广的项目。"

最初，这个项目要求学生分析战争小说，然后依照他们对美国历史的理解，为"下一部伟大的战争电影"创作试映片。英语老师斯科特·斯蒂芬·贝尔想借机引入有关伊拉克和阿富汗战事的小说，诸如引入《杀戮下一代》（*Generation Kill*）《锅盖头》（*Jarhead*）和《守望先锋》（*The Watch*）这样的当代作品作为阅读材料。这确实很吸引学生，而且可以让教师根据学生的阅读水平进行分级教学。

尽管学生参与度很高，老师们还是担心这个项目在历史方面太过薄弱。"我们会泛泛讨论一下外交政策和冲突的原因，"米尔萨普老师说，"但这些讨论背后欠缺驱动性的目的。"

项目重构的契机，出现在米尔萨普因为一件与项目无关的事给一位当地议员办公室打电话之时。"议员的助手对我说了国会图书馆里的退伍军人历史项目。这位国会议员曾想让高中生采访本地的退伍军人，采集他们的故事。助手问我们是否感兴趣。"米尔萨普老师停顿了一秒，对可能需要做的额外的琐碎工作稍做权衡后，便同意了，而且从没后悔这个决定。

"这成为项目最大的板块之一。"他说，"学生们与美国退伍军人合作，进行一次采访，并制作一份会放入国会图书馆的一手资料。知道会有真实的观众来阅读自己的作品，对学生来说意义重大。"

如果你要重构过去几年的某个项目，不妨问问自己以下几个问题：

- 最近一次实施这个项目时，哪些地方做得好？即使你打算更改或调整项目，也先确保找到你想要保留的成功的方面。
- 过去的薄弱环节在哪里？你如何通过增加学习支架、形成性评估或改变学习活动来迎接特定的挑战？
- 是否需要更新内容，使之更及时或更贴近学生的生活？
- 是否有机会与社区建立联系，从而提高学生的参与度？
- 你的项目是否有更多跨学科的机会？有没有其他科目的同事想要进行合作教学？

要点提炼：设计和计划高质量项目的策略

在本章中，你已读到了一些能帮助你有效设计和计划项目的策略与资源。下面请花点儿时间思考以下几点：

- 黄金标准 PBL 的核心项目设计要素如何改变或影响了你对教学设计的思考？哪些要素在你的课堂上已经得到了明显呈现？哪些要素需要你更多关注？
- 在寻找项目点子的策略（详见第 49—53 页）中，哪一条引起了你的共鸣？
- 你在多大程度上愿意让学生参与项目计划？
- 你从何处寻找机会来邀请同事给你正在计划的项目一些反馈？你会如何借助诸如画廊漫步或同伴间的批判性反馈规程等方法，来获取项目方案的反馈？

PBL 书籍推荐

《PBL 项目学习：初学者入门》和《PBL 项目学习：小学篇》①。这两本巴克教育研究院的出版物为读者计划和推进 PBL 提供了实用的建议与工具，同时强调了项目设计的核心要素。约翰·拉尔默是第一本书的主要作者；萨拉·哈勒曼（Sara Hallermann）和约翰·拉尔默是第二本书的主要作者。

《现实世界中的项目：如何设计引人入胜的学习体验》②：在这本短小精悍的书中，苏西·博斯列出了提高项目真实性的策略，以期提高学生在学习中的参与度。

《以学生为中心：运用思维习惯进行个性化学习》③：贝娜·卡利克（Bena Kallick）和艾莉森·祖达（Allison Zmuda）通过关注学生发言权、共同创造、社会性建构和自我发现这四个属性，条理清晰地讨论了个性化学习。该书用案例展现了如何设计出让学生觉得有意义的学习体验。

---

① 英文原名分别为 *PBL Starter Kit: To-the-Point Advice, Tools and Tips for Your First Project in Middle or High School (2nd ed.)* 和 *PBL in the Elementary Grades: Step-by-Step Guidance, Tools and Tips for Standards-Focused K-5 Projects*。两本书的中文版由光明日报出版社分别于 2018 年 7 月和 2019 年 3 月出版。——译者注

② 英文原名为 *Real-World Projects: How Do I Design Relevant and Engaging Learning Experiences?*——译者注

③ 英文原名为 *Students at the Center: Personalized Learning with Habits of Mind*。——译者注

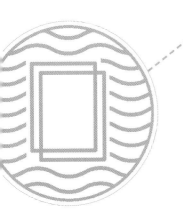

Project Based Teaching:
How to Create Rigorous and
Engaging Learning Experiences

第 **3** 章

与课标对应

Align to Standards

让项目向有意义的学术目标看齐，
确保 *PBL* 是学习的"主菜"而不是"甜点"。

十多年来，埃琳·布兰德沃尔德一直在信奉项目式学习的学校里教学。"我觉得很幸运，"她说，"甚至我的教学实习都是在 PBL 环境下进行的。"她目前在加州海沃德市的艺术与技术影响学院教授世界史。这所学院面向多元的人群，包括许多贫困生。大部分毕业生将成为他们家中的第一位大学生。

布兰德沃尔德老师看到，有一个项目式教学实践对帮助她的学生提高成绩格外有用——这些学生都要去上大学了。"几年前，我们只是做一些很酷的项目。学生喜欢这些项目。但有时我们会想，我们到底在教什么？什么概念和技能是我的学生需要知道和能够做到的？随着时间的推移，"她说，"我们越来越擅长设计项目来展现那些值得了解的东西。"

例如，十年级有一个世界历史项目，叫"审判革命"。在计划这个为期六周的项目时，布兰德沃尔德老师仔细琢磨了学习目标，这些目标既与革命的历史知识有关，也与"共同核心州立标准"[①]中对论点与反论点的要求有关。在整个项目——从项目启动到项目高潮的模拟庭审期间，她都会刻意将学习活动和评估指向这些期望达到的课标。这让学生清晰地认识到自己需要掌握什么，以及为什么这些概念值得去了解。

[①] 共同核心州立标准（Common Core State Standards）：美国统一的 K-12 课程标准，于 2010 年颁布，是目前美国通用的课程标准。它详细说明了从幼儿园到高中各个年级的学生在学习英语语言文学、数学等课程中应掌握的内容。——译者注

有关让项目与课标保持一致的配套视频，请访问 www.bie.org。

为什么项目要与课标对应

一旦教师把 PBL 与课标对应，他们就能够确保这份学习经历是值得投入时间的。学术的严谨性从一开始就建立起来了，尤其是当教师将项目与优先课标 [①] 对应的时候。这意味着，项目不应该瞄准一两堂课就能解决的较低层次的学习目标，而应该与那些涉及大概念、有一定复杂度和要求高阶思维的课标相对应。

专注于优先课标可以让你建立深刻的概念性理解，而不是走马观花地带过一些零散的、学生可能很快就会忘记的东西。优先课标有时被称作"加强版课标"，通常包含了与之相关的学习目标。例如，学会写一篇有用的文章，需要掌握词汇、拼写和语法（Ainsworth，2014a），而一个强调论文写作的项目也会教授这些相关技能。同样，一个旨在让学生理解四边形性质的数学项目可能无法涉及世界上所有的四边形。评估专家道格拉斯·里夫斯（Douglas Reeves）建议，尽管去做，"把菱形踢开" [②]，让注意力集中在优先课标上（Ainsworth，2014a，p.10）。

虽然埃琳·布兰德沃尔德的学校在课程规划方面给了她很大的自由，但许多 PBL 教师还是必须遵循学区指定的学习范围和顺序。有些学区还定期举行水平考试。这些考试会针对特定的学习目标，可能有每九周一次那么频繁。将 PBL 和学区的强制要求整合起来是可以做到的，但这需要仔细计划。

[①] 优先课标（priority standards）：是由教师和教研员等参考本州、全国及国际上的课程标准而选定的课程标准，一般是由各学校自行决定。优先课标的审定标准包括：产生持久的理解、能够跨学科运用以及为下阶段学习打基础。——译者注

[②] 把菱形踢开：这里指的是先专注于重要的优先课标，而非菱形这样的简单概念。——译者注

佐治亚州格温内特县的拉尼尔高中就是一个很好的例子。该校设计与技术中心的学生不仅要做雄心勃勃的项目（经常是和商业伙伴一起），还必须参加本州和学区的考试。对此，设计与技术中心的老师会仔细地针对课标进行指导。在这样的指导下，学生既能在标准化考试中保持高分，也能在现实世界的 PBL 中成绩斐然，比如，发明赢得了专利、凭借为专业影视作品制作动画而进入演职人员表。

与课标对应无疑会与其他项目式教学实践有重叠，尤其是设计与计划（第 2 章）。然而，对课标的刻意关注并不仅仅发生在设计阶段。在驱动问题、项目评价量规、入项活动、学习支架、公开展示的成果和评估计划等的实施阶段，都要向期望达到的课标看齐。

> ★ **黄金标准项目式教学实践：与课标对应**
>
> 如果项目与课标的对应经过了深思熟虑，你就会清晰地看到，教师是如何一步步帮助学生走向学习目标的。在与课标保持一致方面，黄金标准项目式教学评价量规提出了以下指标：
>
> - 成果的评价标准来自课标，明确且具体地给出了掌握程度的说明。
> - 学生学习的支架、批判性反馈和修改的规程、评估、评价量规，自始至终都指向并支持学生达成具体的课标。
>
> 若需要完整的项目式教学评价量规，请参阅书后附录。

向有价值的内容看齐

让我们来仔细看看埃琳·布兰德沃尔德是如何将项目与课标对应起来，从而让学生获得有意义的学习体验的。

在开始任何项目计划之前，布兰德沃尔德老师都会先摊开写有学生需要掌握的所有学科课标和技能的材料进行分析。"我问自己：'在这一年中，我将如何教授这些技能和概念？'然后，我从课标出发，逆向绘制整个学年的课程规划图，确定我需要教授的内容和技能。"

这份一整年的课程规划图，帮助布兰德沃尔德老师聚焦她需要和学生共同学习的内容。如前文所述，有些学区通过指定范围和顺序来替教师完成课程规划图的绘制工作。无论你是自己规划课程，还是跟随学区的指示，你的目标都是一样的：通过将项目与课标紧密相连，在整个学年中寻找实施有意义的 PBL 的机会。

布兰德沃尔德老师教十年级的世界历史课，她的学生特别关注全球性权力与抵抗这个大概念。布兰德沃尔德解释说，这意味着要去审视"我们在日常生活中对权力有何体会，以及我们如何参与和回应这种权力"。课程内容是帮助学生探索世界各地不同的权力形式，以及历史上人们曾如何抵抗权力。通过对内容的探索，学生"能够发展独立研究、批判性思维、口头和书面交流的能力，成为自信的读者，能够分析和评估各种文本"。

心中有了这个蓝图后，布兰德沃尔德老师准备将项目与更具体的学习目标对应起来。例如，根据她的课程规划图，她知道在第二学期会重点抓议论文写作。这样一来，关于革命的项目会是很不错的选择。

"我以前做这个项目时把辩论作为最终成果。现在把辩论改成模拟庭审后，我认为学生将不得不运用辩论技巧来更仔细地审视观点的不同。"她解释道。为了增加真实性，她请来法律专家，为学生讲述他们是如何为庭审做准备的。"借助专家的视角，学生应该能够建立更有说服力的、有证据支持的论点。"

这个项目对学生发起挑战，他们需要通过再现"公民起诉革命"的案例来表达他们的理解。为了准备模拟庭审，学生必须考虑革命发生的原因，然后做出令人信服的立论，指出谁是政治起义的受益者。在项目的高潮，一些学生扮演律师，另一些则担当证人做证。不管怎样，所有人都需要展现出有效论证的能力。

为了阐明嵌入项目中的学习目标，布兰德沃尔德老师将课标重新改写为"我能"句式，用来强调个人需要掌握的能力。例如，一些和"共同核心州立标准"相对应的目标如下：

- 我能提出明确的论点。
- 我能区分不同的论点和反论点。
- 我能清楚地拓展论点和反论点。
- 我能指出我论点或反论点的优势和局限。
- 我能用单词、短语和从句来阐明论点和反论点之间的关系。
- 我能预先考虑观众的知识水平和关注点。
- 我能提出承接并支持已有信息的结论。

以下是另一些和世界历史知识相对应的目标：

- 我能用革命发展框架来确定革命的起因。
- 我能将俄国革命和其他革命做比较。
- 我能分析独裁对人民的影响。
- 我能分析革命者行动背后的动机。
- 我能判定革命在改善公民生活方面的有效性。

在把这些学习目标介绍给她的各个班级之前，布兰德沃尔德老师想先确保学生能够全身心投入这个话题。为了培养学生的兴趣，她用为期一周、名为"X国度"的模拟体验来开启这个革命的项目。

"项目的第一天，学生们来到教室，发现教室的布置变了。"她解释说，"教室里有一个'监狱'、一个'商店'和为'工人'预留的几个区域。学生被分成三到四组，每组人数不等。'皇室成员'有一张沙发，享有特权，还得到了一大笔钱（假的），而'工人们'只能得到少得可怜的食物。"在矛盾四起的场景里，学生要想创建一个公平且正常运作的社会，必须面对诸多挑战。

在那个星期，她教世界历史的四个班都有不同的"好戏"上演：一个班策划了一次暗杀行动；一个班的领导者彻底放弃了掌权；还有一个班的学生要求召开镇民大会，试图建立统一的规则。最后一种做法似乎取得了进展，但后来，布兰德沃尔德老师说："他们都尝试着说服彼此，结果搞得大家都很沮丧。"

从教师的角度来看，这个入项活动的沉浸式体验达到了它的目的。学生显然很投入，也对可能引发革命的社会、政治和经济动荡有了崭新的见解。在模拟体验的最后，他们能够反思这段经历，并对革命下一个简洁的定义，还对起义后的社会该如何重建提出了一系列问题。

布兰德沃尔德老师等到项目的第二周，也就是模拟体验结束后，才向学生介绍驱动问题：作为历史学家，我们如何判定一场革命在改善公民生活方面的有效性？

这个项目由个人任务和小组任务同时展开。布兰德沃尔德老师会确保学生理解了学习目标。为了把大目标分解成可管理的小模块，她每天会在课堂上公布一个具体的学习成果。例如，项目第二周，学生们在积累背景知识时的一个学习成果是：能识别一次革命的发生条件、信念和导火索。在项目第三周末尾，学生们已经花了相当多的时间学习追寻原始资料和评估证据，这时的学习成果是：能写出一个论点，并用令人信服的证据来支持它。

在每堂课的最后，学生会根据当天学习成果的达标情况，在1分到4分之间，给自己打分。这种形成性的自评能帮助布兰德沃尔德老师计划后续课程，以满足学生特定的学习需求（更多与这个项目有关的评估内容，请参阅第5章）。

布兰德沃尔德老师使用每日目标的这一做法反映了她的理念，即学习应该是有目的的。当学生对学习目标有了充分了解时，她说："你不会再听到学生问为什么要做这个。学生能看到这些每日目标是如何与他们的最终成果联系在一起的。当你把学习目标放在真实情境中，学生就会更清楚我们所做事情的目的。"

◎ 试一试：决定聚焦哪些课标

那些完全用 PBL 教学或多数时候使用 PBL 教学法的教师，会想方设法把大部分需要教授的课标规定内容置入项目。不常使用 PBL 进行教学的教师可能会从项目里删除某些课标，而用其他教学策略代替。决定在一个项目中教授哪些课标，很大程度上取决于学校情况、个人观点、学生、年级、科目，以及其他因素。对此没有什么硬性规定，所以，你可以尝试以下的反思过程：

1. 制作一张包含以下三种类别的表格：

- 重要且适合置入项目的课标。
- 重要但不适合置入项目的课标。
- 不重要也不适合置入项目的课标。

2. 考虑以下问题，把你在一季度、一学期或一学年中需要教的每一项课标都归入以上三个类别：

- 这是一项重要的课标吗？你所在的学区或州有没有将其认定为"关键"课标？它是学习这个学科的根基吗？它是核心概念还是跨学科概念①？（例如，低年级的数感；高年级的数学建模、系统思考、信息文本解读。）
- 这项课标通过项目来教合适吗？它需要深度理解和探索吗？它是复杂的（例如，一个民主国家的分权制度、一个生态系统），还是相对简单的呢？它是需要大量时间来学习，而非一两节课就能掌握的吗？（例如，科学实验室的安全规程虽然很重要，但可能不太适合 PBL。学习什么

---

① 跨学科概念（crosscutting concept）：是美国国家研究委员会在 2011 年发布的 K-12 科学教育框架中提出的概念，即关注核心概念（core concept）、跨学科概念和实践这三个纬度的教育，这个三维框架后来被美国"下一代科学教育标准"（NGSS）沿用，成为其核心框架。——译者注

是菱形也不太合适 PBL，尽管这个概念可以并入一个更大的数学项目。）

3. 考虑给项目中涉及的每项课标分配多少时间和权重。

• 这项课标会成为项目的重心吗？会有几堂课或几项活动专门针对它来展开吗？学生会花很多时间来学习它吗？它会贯穿在整个项目中吗？它会成为批评、反思和评估的要点吗？

• 学生是否可以在项目过程中较快地学习这项课标？它是否可以包含在其他课程内容里，或者只是项目成果评估的一个部分，而非主体？

• 这项课标应该融入项目的背景吗？学生能否在不知不觉中练习和掌握？

保持专注

刚接触 PBL 的教师经常会问，怎么做才能既鼓励学生探究，又保持其对学习目标的专注？假如学生的问题或想法把他们带到了离期望课标很远的地方，会怎么样？

数学老师泰兰尼娅·诺尔法会刻意将学生往课标方向引导。她的方法，是确保项目中的每个学习活动都与要达到的学习目标挂钩。"我想确保这些课标反复出现，"她说，"你稍有不慎就会忘记去做！"

例如，在她关于家居设计的几何学项目中，学生明白，他们需要为客户绘制一张蓝图。一些学生本想用一个可以生成漂亮成品的在线工具开始他们的工作，但诺尔法说："虽然那会让你们的作品看起来很棒，但哪里用到了数学呢？工具在后台替你们把所有计算都做好了。"为了确保学生达成学习目标，她要求大家手工绘制蓝图的第一稿。她解释道："这样我们就能看到数学的运用了。"在项目的后期，学生一旦展示出了数学能力，就可以选择线上工具制作最终的蓝图。

避免"范围蔓延"是防止项目变得臃肿的另一种策略。不要随着项目的进行而叠加越来越多的课标，而要保持对你想强调的学习目标的专注，帮助学生看到驱动问题以及最终成果是如何与这些学习目标相对应的。例如，每次在课堂讨论中重提须知问题列表时，请学生想想他们的这些问题对回答驱动问题来说是不是必要的。

有时，你可能需要控制一下那些把学生带离项目目标太远的想法。有些教师会在白板或项目板上用"停车场"①来留存学生的问题或建议。这些问题或建议是值得研究的，但不是现在！

反思提示也能协助学生保持对学习目标的关注。例如，你可能会让学生以项目评价量规为参考，反思他们掌握某项技能或理解的进展情况。一位小学老师让她的学生通过在评价量规上涂不同颜色的方式展示他们的进度——从黄色（表示起步阶段）到橙色（表示发展阶段），再到绿色（表示熟练阶段）。

教学指导员笔记：连接不同学科

现实世界的问题往往很复杂，问题的解决方案通常要求不同学科的专家集思广益。为了让 PBL 更真实，寻找跨学科内容的连接是理所当然的。

教学指导员詹姆斯·费斯特承认，教师刚开始进行项目的协同备课是有挑战的。特别是在中学阶段，教师通常是本学科的专家，可能在寻找和其他学科基于课标的关联上会有困难②。

---

① 停车场：可以是白板上的一块区域，也可以是悬挂起来的海报纸。学生可以用便利贴把问题和建议暂时贴在这个区域，等以后的某个时间再行处理。——译者注
② 美国的小学教师通常为全科教师，需要教授多个学科，因此对各科课标都比较熟悉。而实行分科教学的中学教师可能只对本学科的内容特别熟悉。——译者注

以下是他的三种可靠的指导方法（Fester，2017），可以用来帮助教师启动跨学科项目计划。

思维导图。 这种方法对已经是协作小组的成员，或知道在一个项目里想和谁组队的教师尤为有效。在过程的一开始，每位教师都会在一张大海报纸上画出思维导图（参见图3.1），上面有他们全年教学的主要话题和主要课标。然后这些海报会被挂到墙上，教师们轮流讲述自己的教学规划，一次讲一项课标。一位教师在介绍时，其他教师聆听并寻找与自己学科领域的联系。每当听到与自己所教内容有类似之处时，他们就会安静地在演讲者的海报上做标记或注解，用来记录关联。在每位教师介绍完自己的海报之后，这个小组应该已经有了几个显示连接点的注释，后续可以把这些连接点作为起点，逐步充实为一个很棒的项目。

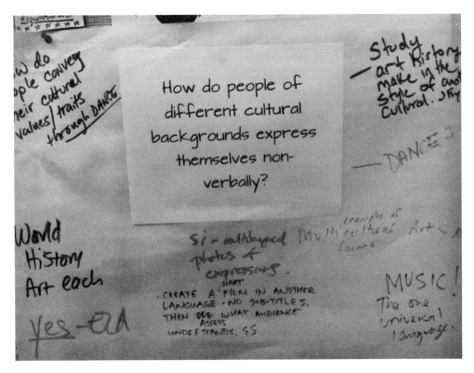

图 3.1　构建跨课程联系的思维导图

来源：詹姆斯·费斯特老师。

驱动问题的画廊漫步。这种方法尤其适用于教职工会议，或者那些还没有指定团队或项目合作伙伴的教师。首先，在一张又大又长的海报纸上写下 15 到 20 个驱动问题。然后把海报纸挂到会议室的墙上，形成一个画廊。之后，请教师们进行一次安静的画廊漫步。他们会阅读每一个驱动问题，思考该问题与本学科领域可能的关联，然后将连接点写在海报上，与房间里的其他成员分享。

如果教师没有发现任何与自己学科的课标明显对应的地方，他们可以修订驱动问题，使其与自己的专业领域产生更多的关联。然后大家转向下一张海报，再重复这个过程。在这个规程的最后，教师们将重新审视那些写着与自己关联最紧密的问题的海报，探讨连接点和可能的项目计划切入点。

提示：驱动问题的点子既可以由教师、学生或教学指导员提出，也可以借鉴项目库中的资源以获得灵感。

时间线。这个项目计划规程是为较小的团队或一对对教师搭档设计的，方便他们在学年中一个特定的时段寻找跨课程备课的机会，如第二个学期。首先，每位教师在一沓便利贴上写出日程表，一次写一天（或一周）的日程，即一张便利贴代表一天（或一周）。紧接着，把这些便利贴在墙上或桌子上贴成一长条，搭档教师也做同样的事情。最终，这两组日程表会互相平行。日程表贴好后，教师们可以查看搭档的日程表，试着寻找知识内容可能有重叠的地方。他们也可以通过移动便利贴的位置，来加强与搭档所教学科间的联系，或者为支持搭档正在做的项目创造机会。

要点提炼：呼应课标的策略

在本章中，你读到了一系列将项目与课标相对应的策略。请花点儿时间反思一下你现在的做法，也考虑一下加强课标和你项目的学习目标之间联系的可能性：

- 在呼应课标这件事上，你拥有多大的灵活性？你是自己制定课程规划图，还是需要遵循学区或全校的教学范围和顺序？学校或教育系统的指令会对你计划 PBL 产生什么影响？
- 纵观你的学科或年级在整个学年的知识目标，用项目来处理你所在学科领域中大概念的最佳机会是什么？
- 在考虑你的课程规划图时，进行跨学科项目的绝佳机会是什么？
- 你在向学生解释学习目标方面有多明确？更明确的每日目标将如何帮助你的学生管理自己的学习？

PBL 书籍推荐

《学习目标：帮助学生在今天的课程中追求理解》[①]：康妮·M. 莫斯（Connie M. Moss）和苏珊·M. 布鲁克哈特（Susan M. Brookhart）阐释了教师、学生和学校领导如何利用学习目标创造一种目标导向的文化。他们提供了设计每日学习目标的策略，以此鼓励学生设立目标和自我调节。

《为共同核心标准排序：确定最应强调的特定课标》[②]：拉里·安斯沃思（Larry Ainsworth）带领读者突破挑战，确定在教学和评估中应该强调哪些课标，从而帮助学生更深层次地掌握重要概念。

《追求理解的教学设计》（第 2 版）[③]：格兰特·威金斯（Grant Wiggins）和杰伊·迈克泰格（Jay McTighe）在教学设计领域开创了"逆向设计"或者说"以终为始"的概念。他们从多年实地研究和教师反馈中获得的 UbD[④] 框架，和 PBL 设计的最佳实践高度一致。

---

① 英文原名为 *Learning Targets: Helping Students Aim for Understanding in Today's Lesson*。——译者注
② 英文原名为 *Prioritizing the Common Core: Identifying Specific Standards to Emphasize the Most*。——译者注
③ 英文原名为 *Understanding by Design (2nd ed.)*。——译者注
④ UbD 是本书英文名 *Understanding by Design* 的缩写，意即追求理解的教学设计。——译者注

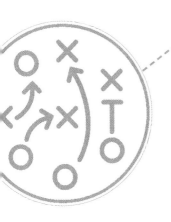

Project Based Teaching:
How to Create Rigorous and
Engaging Learning Experiences

第**4**章

管理教学活动
Manage Activities

管理得当的 PBL 能够赋予学生深度学习和发展成功技能的机会。
这些技能不仅有助于项目取得成功,更将伴随学生未来的人生。

在位于加州埃尔克格罗夫市的福尔克斯牧场小学,教师吉姆·本特利和他的学生赢得了电影制作师的美名。当地官员希望用教学片来教授社区成员有关废弃物回收的知识。为此,他们多次"聘请"本特利老师的学生们担任制作人。为了肯定这些学生在过程中的付出,埃尔克格罗夫市向学校颁发了服务—学习① 专项经费。

在 2016—2017 学年,本特利的六年级学生接受了制作七个宣传短片的邀约。这些短片将用于向当地商会传达一项关于回收有机废弃物的新州立法规。这项法规正在分阶段逐步推进中。到 2020 年,大部分的小企业主和公寓管理者必须使用一道回收程序,以便将食物残渣和其他有机废弃物从填埋垃圾中区分出来。

像这样真实的项目会产生多方共赢的效果。真实的客户确保了学生的高参与度,并为值得回味的学习体验奠定了基础。由于广大观众的真实存在,学生(和教师)为作品的质量、创意和生产力都设定了高标准。本特利老师将电影项目和多门课程的严谨课标相对应,包括科学、读写、数学、社会科学以及技术。

有关管理教学活动的配套视频,请访问 www.bie.org。

---

① 服务—学习:是将学习与社区服务相结合的一种学习形式。学生在参与对社区有所助益的活动、获得体验的过程中,能够加深对特定课程内容的理解。——译者注

为了确保学生电影制作师们能按时提交高质量的作品，也为了让过程中的学习机会最大化，本特利老师需要有非常好的项目管理能力。"我的工作是确保它不仅仅是一个活动。"这位资深 PBL 教师解释道，"我需要把（学科的）大概念融合进来，而且要和七组不同的学生制作七部影片，还要确保工作进度跟得上颇具挑战性的时间要求。"

本特利和他的学生们正在做的项目的确既复杂又费时，这也从侧面反映出任课教师在 PBL 方面积累的深厚经验。PBL 新人一开始还是不要接手这么大的项目为好（本特利也是这样建立起他作为 PBL 教师的自信心的）。不过，即便是耗时更短或者仅针对单一学科的项目，依旧需要周密的项目管理，以确保学习的正常进行。

建立你的项目管理策略工具箱，可以帮助你和学生保持 PBL 过程和操作细节的顺畅进行。这样，你就可以将更多注意力放到学习目标上了。为了更好地理解 PBL 教学实践是如何支持成功的项目管理的，我们来仔细看看其中的核心策略和工具。

★ 黄金标准项目式教学实践：管理教学活动

在一个管理得当的 PBL 项目中，教师有多种途径来确保学习的正常进行。从黄金标准项目式教学评价量规中提取的教学活动管理指标包括以下几点：

- 课堂上有合理的个人和团队工作时间；既有全班讲解，也有小组辅导。
- 能够基于项目的客观情况和学生的个体需求进行均衡分组，学生拥有适当的发言权和选择权。
- 使用项目管理工具（小组日历、团队公约、学习日志等）来支持学生的自我管理、独立自主和协作能力。
- 在项目实施期间，始终遵照课堂惯例和班级公约，实现工作效率的最大化。

- 既设定了可行的时间表、检查节点和截止日期，又保证了一定的灵活度；没有瓶颈阻滞工作流程。

若需要完整的 PBL 教学评价量规，请参阅书后附录。

让团队合作的效用最大化

大部分项目在设计阶段，都会考虑一定程度的团队合作。即便学生是独立完成自己的个人作品，也会参与同伴的学习活动，并相互提供反馈意见。在 PBL 中强调团队是有意为之的，因为这样就可以利用社交在学习中的推动力。可是要注意，不应为了合作而合作。合作是 PBL 真实性的一部分，它反映的是人们在医疗、工程、出版、非营利等诸多领域中解决问题的真实状态。随着问题复杂性的提升，专家间的合作就更为重要了。

当今的学生即将进入一个合作成为新常态的世界经济体。要在交错互联的世界中解决复杂的挑战，他们需要知道如何驾驭文化差异，如何理解多样的观点，以及如何在学科间建立连接。无论是初创企业、政府部门，还是学校，团队已成为所有组织机构的基本单元（Duhigg，2016）。

拥有优秀的团队合作能力是一个超越课堂范围的目标。例如科技巨头谷歌公司，通过一个叫作"亚里士多德计划"的调研项目，尝试逆向分析完美团队的特征。谷歌调研团队的成员最后惊讶地发现，在调配不同团队成员的性格和技能以提升团队效率方面，其实并没有什么万能公式；而是如以下陈述所展现的那样，实施有效的 PBL 教学策略，尤其是团队文化建设，才能真正发挥团队的力量。

研究人员最终得出结论："好"的团队和运转不佳的团队间最大的差别，是成员们如何对待团队内的其他人。换言之，恰当的运作模式能提升团队的集体智慧，相反，错误的运作模式则可能阻碍团队前进，哪怕每一位成员都绝顶聪明。（Duhigg，2016，para.28）

此外，高效的团队往往还具有两条特质。首先，每一位成员在团队讨论中有均等的发言时间（这也是 PBL 的规程所强调的）；其次，优秀的团队展现出了高度的社交敏感性。这是形容"团队成员们善于从语调、表情和其他非语言线索中捕捉其他成员感受的另一种别致的说法"（Duhigg，2016，para.31）。对这些细节的关注构成了心理上的安全感，使得团队成员们敢于畅所欲言和承担风险。这在 PBL 的课堂中同样奏效。在这样的环境中，所有学生都知道自己有发言权，也知道自己的想法会受到他人的尊重。

不熟悉 PBL 的学生有时会问："为什么我不可以一个人行动呢？"请准备好向他们解释为何团队合作是项目成功的关键。以下例子是一些需要协作的项目场景：

- 一个项目由一个人来完成可能太大或太过复杂了，因此可能需要分工合作，这为学生在组内承担特定角色、为共同的目标贡献自身所长奠定了基础（参见第 96 页的"试一试：让学生在项目团队中扮演不同的角色"板块）。

- 驱动问题被有意设计成开放式的，而且无法用谷歌随手一搜就找到答案。事实上，驱动问题的"正确"答案或最终成果很可能有多种，这意味着学生可以根据自己最感兴趣的方向组队，拥有更多的发言权和选择权。

- 创造力或者文化素养对项目成功可能至关重要。当学生用不同视角、同理心和见解面对问题或挑战时，他们可能会找到更好的解决方案。这也是在真实世界中需要协作的另一个原因。

当你设计和计划一个项目时（如第 2 章探讨的那样），你需要考虑学生将会怎样合作，以及他们为什么会合作。你是指定分组，还是让学生选择自己的合作伙伴? 这两种方式各有优劣, 详见表4.1。

表4.1　不同分组方式的优点和缺点

分组方式	优点	缺点
教师决定	·节省时间。 ·减少分歧和伤害。 ·教师可以平衡团队组成以促进学生成长、确保学习成效的最大化。 ·具有真实性; 真实世界中, 大部分团队都不是自行组队的。	·部分学生可能对分组不满意。 ·学生可能会失去主人翁意识和认可度。 ·学生失去了学习如何明智地选择队友的机会。
教师决定, 参考学生意见	·最小化分歧和伤害。 ·教师依旧可以为了学生成长和学习成效的最大化来平衡团队组成。 ·学生有一定的主人翁意识和认可度。 ·学生有机会学习如何明智地选择队友。	·耗费教师更多时间。 ·要满足所有学生的偏好可能有困难。 ·一些学生可能还是对分组不满意。
教师管理流程, 学生决定	·几乎消除了分歧。 ·学生有主人翁意识和认可度。 ·学生有机会学习如何明智地选择队友。	·如果需要先教学生选择团队的方法, 可能会花更多时间。 ·必须先建立恰当的课堂文化, 以防出现小团体和社交边缘化的学生。 ·可能会有学生感到受伤。 ·不建议低龄的学生使用。 ·学生可能意识不到什么能力对团队有效运转是必要的。

你还需要考虑何时分组。对一些项目来说, 项目一启动, 团队合作就开始了。这给了你在整个项目实施期间有意地去教授、强化和评估协作能力的时间。在另一些情况下, 你可能会希望学生先各自做一些调研以建立基本认知, 之后再决定他们希望更深入研究的具体话题。此时围绕这些话题, 团队就会自然形成, 学生也会拥有更多的发言权和选择权。两种策略在团队合作过程中各有所长; 你做教学决策的关键, 是要将分组策略与项目需要、学生状态配合起来。

项目开始以后, 就是监测和调整合作计划的时候了。假如学生习惯了独自工作, 他们极有可能需要你的帮助, 以学习合作、协商、达成共识和分担工作量。这也是为什么管理团队动态是 PBL 教学中尤其关键的一方面。

学生在进行复杂的化学项目的时候，雷·艾哈迈德会提醒他们，为什么有效的合作对获得期待中的实验结果非常关键。例如，在一个关于水质的项目中，小组中的每一个学生都会操作相同的实验，但使用不同的腐蚀抑制剂①。"学生采集数据的时候，必须做到精确。"艾哈迈德解释说，"他们必须做到准确无误。并且，小组成员需要团结一致，因为每个人的实验结果都会影响团队得出结论。他们要从四个不同的数据源中提取数据，并进行数据分析。他们不能想做什么就做什么，而要把个人需求暂且放在一边，然后告诉自己，'这是我们小组的长期目标，这是我们要实现目标的具体方法'。学生们必须合作。"

为了培养班里小学生的合作能力，萨拉·列夫先行启动了一个热身活动。在这些五岁的孩子和自己班上的同学组队做项目之前，他们先和五年级的"伙伴们"合作了一回。他们的挑战，是用回收的废弃材料制作原创的作品。之后，列夫老师单独和她的学生一起回顾了这段经历，使用的是一份特别为低年级孩子定制的团队协作评价量规，那上面用的是表情符号，而不是更典型的评估语言（小学低年级版的团队协作评价量规可以在 www.bie.org/object/document/k_2_teamwork_rubric 上获取）。

列夫老师补充说："我们讨论了作为团队的一员，怎样可以做得更好。假如你很难有机会表达自己的想法，你该怎么办？如果有一位组员想休息而不帮忙，你该怎么办？怎么样才可以让我们都有成长的空间？"在学生对他们的合作能力做了自评之后，列夫老师表扬了他们的诚实。"他们没有都给自己选笑脸图案②！"集体回顾后，学生对团队协作有了共识，这个共识立刻就能用到他们的 PBL 项目中。

---

① 腐蚀抑制剂：是一种以适当的浓度添加到液体或气体介质中，以减缓或防止介质对金属或合金腐蚀的化学物质。例如，在锅炉用水中添加腐蚀抑制剂，可减少腐蚀结垢，延长锅炉使用寿命。——译者注

② 笑脸图案：在低年级版的团队协作评价量规中，学生对若干项行为进行自评（如帮助小组成员），笑脸对应的是"几乎总是这样"这一项，意即最高分。——译者注

◎ 试一试：让学生在项目团队中扮演不同的角色

通常，当成员有指定的角色时，项目团队的合作会更融洽。由年纪稍大的学生组成的小组，可以自行决定成员的角色分工，教师参不参与皆可。对于年纪稍小的学生，教师当然应该协助他们做角色分工的决策。以下是对角色分工有帮助的一些建议：

- 让学生完成学习者档案。有很多种方式可以去做这件事，但其中一种被有效使用的方法是 SING 流程法。这个方法是由 PBL 教师兼教学指导员凯莉·雷塞为丹佛公立学校设计的。学生需要在图表中的四个格子里填入答案（有必要的话，教师可以帮助他们）：

  a. 你的优势（**Strengths**）是什么？

  b. 你的兴趣（**Interests**）是什么？

  c. 你的需求（**Needs**）是什么？

  d. 你的目标（**Goals**）是什么？

图 4.1（见下页）展示了小学的一个例子，表 4.2（见第 98 页）展示了中学的一个例子。根据 SING 流程法的结果，教师可以把学生分到不同小组，或者帮助年纪稍大的学生在组队时做决定。

- 决定是所有项目的角色分工都相同，还是不同的项目有不同的安排，或者两者兼而有之，因为有的项目可能需要诸如视频制作人这样的角色，而另一个项目却不需要。

- 为了避免学生小组采用"分工后各自为政"而不是真正合作的策略，设想一些需要委派他人工作而不是自己一个人完成的角色。另外，可以跳出传统的团队角色分工（如队长、记录员、资料收集员、写作负责人以及美工等），多考虑真实世界里的角色（如项目经理、工程主管，或者历史学家、传播经理、社交媒体总监，以及创意总监等）。
这样的方式也有助于避免一个可能出现的问题，那就是团
队中只有一个"老板"。这可能会导致这个人要么承担太
多工作，要么不能有效地带领团队。

- 下一步是把每一个角色需要完成的任务具体化——这可
  以由学生来完成。在传统的小组分工中，一个学生可能被
  安排了"美工"的工作，也就是画图。相比之下，在PBL
  的项目团队中，这个角色可能被称作"创意总监"，其职
  责包括：确保创意标准的实现、监督创意流程、掌控视觉
  支持素材的质量，并且确保所有创意选项都被表达出来。

图 4.1　一个小学低年级项目的团队角色分工

来源：萨拉·列夫老师。

表 4.2　用于制作学习者档案的 SING 流程法

优势（S）	兴趣（I）
· 在小组成员间建立连接。 · 确保各成员的想法都得到了聆听。 · 有灵活性。 · 愿意探索新的技术工具。	· 理解他人的观点和经历。 · 设计独特的途径或解决方案。 · 把视觉艺术整合到作品中。
需求（N）	目标（G）
· 通过和其他组员交流，对想法进行加工。 · 创造一个可以让人挑战想法的安全空间。 · 确认目的或明确产出。	· 学会在合作和效率间取得平衡。 · 改善组织管理和时间管理。 · 向团队成员提供建设性的反馈。

来源：丹佛公立学校的凯莉·雷塞老师。

这里还有一些策略，可以帮助学生学习合作。当学生学会有效地合作后，他们能够产出比个人单独完成所获得的更高质量的成果。

一个良好的开端。不管是你指定的分组，还是学生选的合作伙伴，你最好确保团队有一个良好的开端。团队建设活动会帮上忙，尤其是在学生互相还不太了解的情况下。一些低风险的任务，比如，起一个队名或者设计一个队标，可以帮助团队形成一种同盟感。引入一些开启谈话的话题或者做些调查，能帮助学生认识到每个成员给小组带来的优势。

鼓励对结果负责。一份描述了成员职责的团队协议或约定有助于建立问责制。事实上，起草一份团队约定本身就是一个不错的团队建设活动。如果学生刚开始接触 PBL，你可以给他们一个协议的模板，或者分享一些其他学生写过的例子。鼓励学生使用清晰、简洁的语言，而不是法律术语。参见下页表 4.3 中的例子。

对期望的表现做出示范。什么样的人称得上对团队有贡献？对此要做出示范。例如，你可以和教学专员[①]、图书管理员或者媒体专员合作，一起来计划和实施项目。要突出每位成员的专长，让学生看到你们的合作是怎

---

① 教学专员：在机构内负责某个特定教学工作的员工。例如，为有读写障碍的学生提供额外关注和辅导的特殊教育专员。——译者注

样带来更好的项目成果的。

表 4.3　团队协议样例

项目团队协议
项目名称：
团队成员：
<center>我们的约定</center>
· 我们全体承诺，尊重并聆听他人的想法。 · 我们全体承诺，尽全力做好我们的工作。 · 我们全体承诺，按时完成我们的工作。 · 我们全体承诺，需要帮助时及时求助。 · 我们全体承诺，＿＿＿＿＿＿＿＿＿＿＿＿＿＿＿＿＿＿＿＿＿＿＿＿
如果小组中有谁违反了我们共同的约定，可以召开团队会议，并要求这位成员遵守约定。如果这位成员依旧没有做到，我们会找老师来帮助解决。 日期：＿＿＿＿＿＿＿＿＿＿＿＿＿＿ 团队成员签名： ＿＿＿＿＿＿＿＿＿＿＿＿＿＿＿＿＿＿　　＿＿＿＿＿＿＿＿＿＿＿＿＿＿＿＿＿＿ ＿＿＿＿＿＿＿＿＿＿＿＿＿＿＿＿＿＿　　＿＿＿＿＿＿＿＿＿＿＿＿＿＿＿＿＿＿

强调真实世界中的合作。帮助学生从校园外的实例中发掘团队合作的价值。留心查看科研突破、社区问题解决，甚至是体育赛事的新闻报道中有关合作的细节。如果你计划进行实地考察或者与专家面谈，可以鼓励学生问问这些相关人员在实际的团队合作中所发挥的作用。

项目小组刚成立，埃琳·布兰德沃尔德就让学生起草团队协议了。她说："他们会在三到五件他们承诺要做的事情上达成一致。例如，准备好自己所有的材料、赶上截止日期，以及专心工作不偷懒。他们也会提前约定好，如果谁让团队失望了，就需要承担相应的后果。"队员之间坦诚以待，有时候承担后果的方式还特别有趣。"我看到有学生在教室后面做俯卧撑，我去问怎么回事，他回答说：'噢，我之前没在干正事，这是我应得的惩罚。'"

在整个项目的实施过程中，课堂公约和惯例强化了团队协作的文化。反思的提示问题和其他过程性评估技巧，会让学生评价团队内的互动，并提出改进建议。以下是来自资深 PBL 教师的建议，供参考。

混合多种活动形式。做团队项目并不意味着学生就要一直和同一个小组的人一起工作。一些像"苏格拉底式研讨"这样的学习活动是全班一起进行的。也可以把几个小组里需要额外指导，或是需要更多学习支架的学生聚到一起上小课（第 6 章有更多关于学习支架搭建的内容）。更为内向的学生会喜欢从团队合作的社交需求中暂时抽离，在项目的一部分时间里独自工作。

在项目的开头和结尾做团队签到①活动。这是各小组设立目标、汇报进展、澄清问题，并且相互提醒即将到来的截止日期的好机会。团队签到结束后，留出时间让小组重新聚到一起，哪怕只是一小会儿。这样做能强化组内的良好沟通，并确保每位成员都能够关注同样的目标。

反思团队合作。在项目过程中的关键节点，鼓励学生对他们的小组合作情况进行反思。假如团队协作是这个项目的一项重要学习目标，你应该确保有相应的评估量规或者其他评价标准，然后基于评价标准提出反思的话题。是不是小组中的所有成员都感觉到自己有发言权？小组在接纳每一位组员的天赋和才能方面表现得怎么样？小组在团队协作方面还可以怎样提高？在项目的最后，让学生反思团队合作对他们最终的成果有什么帮助或者阻碍，以及根据这次的经验，下一次他们希望在团队合作中采取哪些不同的举措。

扩充你的项目管理策略库

通过发展一系列项目管理策略，你能在更好地追踪项目动态的同时专

---

① 签到（check-in）：学生以语言、动作等简略表达当下的状态或思考，就像是在出勤表上签到那样。——译者注

注于学习目标。同时，你也要战略性地帮助学生制定他们自己的项目管理工具和策略。这种能力不仅对 PBL 有用，对他们的人生也同样有用。

你可以在项目中使用一些工具和课堂惯例来帮助学生管理学习的进程。像日程表、团队日志、任务跟踪器这样的工具，能帮助学生计划、组织和看清他们的项目进度。这些工具的使用目的与关注知识理解的量规等评估工具（也同样在 PBL 中发挥着至关重要的作用）的使用目的有所不同。使用项目管理工具是为了监控生产力和加强自我管理。它们能帮助我们明确目前已经完成了什么，下一步需要做什么，什么时间需要完成，以及谁在做哪些任务。

不过，这里要提醒一句，强调项目管理不是说学生在根据指示步步照做，或以相同的节奏在学习，也不是说他们从头到尾都在自己做项目，而是说，项目管理的工具和惯例让学生有条不紊、了然于胸，以便成功开展更多的学习。你的项目管理工具箱为项目提供了一个早期预警系统，如果项目偏离了学习路径就能及时提醒学生。

照顾到一个项目的多个方面对学生来说是有挑战的。仅一个项目就会产生相当多的"东西"，例如，须知问题、策划资源、调研笔记、项目日志，等等。为了帮助上数学课的学生管理项目，泰兰尼娅·诺尔法在每个小组的工作台上放了一个项目文件夹。"我每周都会往文件夹里塞新东西。"她边说边把新的任务材料和更新版的日历加进去。学生们知道，他们可以参考项目文件夹来确认在项目下一阶段该做的事情。与之类似，丽贝卡·纽伯恩把她班上的中学生可能需要参考的项目任务和策划资料都存到了一个网站上。

许多 PBL 教师会在教室里设立一面实体的项目墙，用它来展示驱动问题、项目日程、须知问题，以及项目的其他部分。这个展览不是一成不变的，而是会在项目开展的过程中不断进化。

数字化的项目中心能起到同样的作用，并且还有个额外的优势——学生可以随时查看。对家长来说，数字化的项目中心是他们了解孩子学习进展的窗口，也给他们提供了各种实用信息，诸如，即将到来的截止日期、需要的资源、实地考察安排和其他组织和管理细节。

在课堂上，学生可以借助项目墙或项目中心来查看须知问题，以展开调研。随着调研的深入，他们的问题列表很可能会越来越长。学生可以增添想调查的新问题，也可以划掉已经搞清楚的问题。项目墙让信息的获取变得相当方便，从而帮助学生有序地管理项目、开展更多自主学习。

项目墙和传统的公告栏不一样。项目墙不是最终模范成果的展示柜，它关注的是正在发生的学习。它能够及时地为学生提供学习所需要的工具和支架，并且对高中生和小学生都适用。（想了解更多项目墙是如何辅助PBL教学的，可参见本章末尾的"教学指导员笔记：留住学习的痕迹"。）

惯例作为课堂文化的一部分，为强化有效的项目管理提供了更多的工具。就像道格·莱莫夫（Doug Lemov）提醒的那样，课堂中的惯例是"一种已经自动化了的步骤或者系统。学生在做的过程中要么（既）不需要太多监管和刻意思考（也就是说，是一种习惯），要么（又）不需要自身意志和教师提示（例如，在阅读的时候记笔记）"（Lemov，2015，p.353）。

一些日常惯例能提高常规任务的效率，例如交作业和登记出勤情况。在PBL中，惯例还可以帮助学生管理自己的学习和鼓励更深度的思考。由哈佛大学"零点方案"开发的一系列的可视化思维（Visible Thinking）惯例，是很多PBL教师都在使用的惯例。这些基于研究成果的惯例"无形中引导着学习者的思维过程，鼓励对信息的主动加工。这些简短易学的小策略，可以扩展和加深学生的思考，并成为课堂日常生活的一部分"（2015，para.3）。思维惯例既能在为探究搭建支架时发挥作用，又能给学生推进项目提供可靠的结构，从而帮助学生更多地管理自我的学习。

例如，罗利·维尔伯格老师在一个扩展到多个学科的项目中，始终依赖一个叫作"看见—思考—发问"的惯例［他在《从项目式学习到艺术性思考：创建"不快乐的午餐"项目中的教训》①（2015）一书中详细描述

---

① 英文原名为 *From Project-Based Learning to Artistic Thinking: Lessons Learned from Creating an Unhappy MEAL*。——译者注

过这个项目]。这个惯例促使学生考虑这样三个问题——你看见了什么？你对此有什么想法？这让你想知道什么？以此来鼓励仔细观察和为探究搭建支架。

他在项目过程中经常性地使用"看见—思考—发问"的惯例。这既能够激发学生小作家的创造力，又能够帮助他们组织自己的项目流程。维尔伯格老师解释道：

> 这种形式——在每个新话题的开端引入思考惯例来激发观察和提问；基于这些观察和问题拟定一项探究式调查；随后是几轮写作、评判和改写——本质上成了整个学年的工作模式。（Werberger，2015，p.49）

建立起支持 PBL 的课堂惯例需要时间和努力，但是埃琳·布兰德沃尔德承认，"这些时间投入是必要的，这样，学生无须依靠老师也能思考和解决问题"。

为了帮助学生更多地管理自己的学习，她引入了许多工具。例如，用信息组织图帮助学生做研究，用检查清单帮助学生记住完成里程碑任务所需的步骤。"你要把用法讲清楚，"她继续说，"这样你就不用一直解释，学生也可以更快地投入具体工作了。"如果学生问她一个操作性的问题，而答案就在他们面前的讲义里，她可能会说："我相信你可以自己找到解决的办法。"

试想，当小组遇到了挑战，学生尝试开发一个有效的开会流程来解决问题时会发生什么。几个简单的步骤可以让会议讨论集中在解决问题上，而不是变成诉苦会。一位小学老师使用这个流程帮助他的学生在项目中管理团队合作：

1. 我们的议程是什么？
   我们必须讨论什么具体问题、顾虑或者机会？（提示：不要为了开会而开会！）
2. 我们对此已经知道了些什么？
   小组成员在相互尊重的基础上进行讨论，欢迎不同观点的碰撞，同时又让讨论集中在议程之上。

3. 我们下一步该做什么？

我们已经自行解决了问题，还是说我们需要老师的帮助？接下来谁来做什么工作？

建立这样一个新的课堂惯例需要刻意练习。你可能想到用鱼缸会议的方式演示一个小组会议，或者用角色扮演的方式展示好坏会议礼仪的区别。当学生开始自主召开会议的时候，你可以以观察员的身份加入他们，并在会议开始跑题的时候把他们拉回到议程上。

小学教师经常使用"先问三个人，再来找我"这条惯例来鼓励学生相互询问、寻找答案，而不是依赖教师，将其视为唯一的信息来源。一位来自田纳西州孟菲斯市的教师，在这个惯例的基础上形成了自己的版本，以建立她九年级的学生对管理 PBL 项目过程的自信。教研员伊恩·史蒂文森讲述了这条惯例逐渐转变这位教师的课堂文化的过程：

> 这位老师的学生刚接触 PBL。他们已经习惯了被以往的老师们灌输知识。为了鼓励更多的自主性，她不希望学生一遇到和项目有关的问题就直接去找她。她引入了这样一个简单的惯例："如果你有问题，先问你的同桌；如果问题没解决，去其他桌找个人问；然后停下来试着自己回答这个问题，回想一下已有的信息；如果你还是不确定，再来找我。"
>
> 这位老师很快意识到，要带来真正的改变，类似的惯例必须时刻出现在教室里。她制作了一张海报，在上面总结出这几个步骤，然后把它贴在了教室里显眼的位置（参见下页表4.4）。在我进行辅导观察的时候，她请我留意她向学生提及海报的频率，而非直接回答学生问题的频率。她花了很大力气不去直接给学生简单的答案。她要求自己必须提醒学生看海报并询问："你现在处于哪个环节了？"
>
> 学生的反应很有趣。起初，他们满腹牢骚。有的学生抱怨说："你从来都不帮我们！"但渐渐地，他们发现自己可以互相帮助，解

决一些操作性的问题。一旦解决了这类问题，学生来找老师问的问题就更有深度了。他们的问题从操作转向了内容。在这项惯例被彻底贯彻之后，学生开始意识到学习是可以和他们以前的经历截然不同的。他们可能需要付出更多努力，但努力终有回报。

表4.4　当我感到困惑时该做些什么

第1步：问自己澄清性问题[①]。 第2步：问同桌澄清性问题。 第3步：再问自己一次澄清性问题！！ 第4步：问我的导师澄清性问题（准备好把问题和自己的学习联系在一起）。

来源：伊恩·史蒂文森。

用技术工具管理项目

中学历史老师汤姆·内维尔擅于利用技术促进学生在PBL中的团队协作，有时还是远距离合作。正在进行的纪念碑项目（www.monumentsproject.org）就是一个由多个国家的学生参与的项目。他们要去进行历史调研，然后讲述被埋葬在海外的美国"一战"老兵的故事。为了帮助学生管理他们的学习，内维尔老师创建了一个在线公文包，从那里可以链接到相关的数据库、数字化工具，以及项目管理模板。

内维尔老师在PBL中融入技术的理念很简单。"这并不是使用技术或者任何一个特定工具的问题，而是在恰当的时间和地点使用这些技术工具的问题。"他说，"让学生接触一些最好的技术，并且让他们仔细思考自己选择的工具，终将比精研任何一个工具来得更重要。"

什么工具适合放到你的PBL项目公文包里呢？这里有一些供参考的建议。

---

① 澄清性问题：关于事实的简短问题，能帮助个人或者小组消除困惑，从而更好地理解情况。——译者注

基于云端^①的协作工具。G 教育套件（G Suite for Education，前身是谷歌教育 App）涵盖了用于团队协作、沟通和项目管理的一系列云端工具，包括日历、可多人协作的文档和表格，以及"谷歌教室"^②（https://edu.google.com/k-12-solutions/g-suite）。微软的 Microsoft 365 也有包含内容创建、团队协作和团队管理的在线工具。

数字化课堂。学习管理平台可以让教师创建自定义的数字化课堂，其功能可以满足特定的项目需求，例如，日程表、分组、公告、评分、创建作品集等。例如，Edmodo（www.edmodo.com）和 ClassDojo（www.classdojo.com）。

维基网站。这是一个可以由多个作者轻松编辑的网站，在项目期间创建、分享和管理内容都非常实用。例如，PBworks（www.pbworks.com/education）和 Google Sites（https://sites.google.com）。

项目跟踪器。Slack（https://slack.com）和 Trello（https:// trello.com）是两个被用于教育领域和实际职场中的工具。它们可以用来跟踪团队项目的进展和促进团队协作。

电子公告栏。这对过程性评估、头脑风暴和资源分享很实用。一个颇受欢迎的例子是 Padlet（http://padlet.com）。

最大化地利用学习时间

在第 2 章探讨设计和计划高质量项目的时候，我们提到了"以终为始"的智慧。这是一种可靠的方式，可以让你专注于关键的学习目标，并在项目计划中融入学术严谨性。作为计划的一部分，你构思了一场甚至面向公开观众的最终活动，它将以发表文章、网站展示，或其他学习呈现的

---

① 基于云端：用户所使用的数据、资源与服务都储存在互联网上。——译者注
② 谷歌教室（Google Classroom）：一款谷歌公司开发的课堂管理软件，可以创建、管理课程，提供反馈，与学生交流等。——译者注

形式进行分享。你不仅给学生提供了真实的观众，也给了他们真实的截止日期。项目一旦启动，最终展示的倒计时就开始了。有什么方法能让你确保所有学生都能在项目的最后掌握学习目标？

在时间管理方面，你会希望对项目日程做到心中有数，同时帮助学生开发他们自己的时间管理策略。里程碑任务能帮助学生看到，即便是大项目，也是需要经过一系列较小的步骤才能开展的。为这些里程碑任务设定实际但明确的期限，能帮助他们学会在一个个期限前完成任务，避免最后时刻的紧张局面。

你可能也想赋予日程一定的灵活性，希望根据学生学习的具体情况做调整。例如，泰兰尼娅·诺尔法本打算让她几何学课上的学生至少先给同学做完两轮试讲，再把他们的最终住宅设计方案呈现给客户。然而，她意识到，学生消化数学概念所需要的时间比她预想的要多。于是，她对日程做了相应的调整，给迷你课程和知识点复习安排了更多时间，尽管这也意味着他们只能做一轮彩排了。

来自资深 PBL 教师们的项目管理建议，能帮助你为深度学习留出更多时间。

消除瓶颈限制。高中科学老师布兰登·科恩设计的项目同时包含了班级任务和小组任务。作为项目经理，他的目标是：在辅导一部分学生时，比如演示如何使用实验器材或工具时，确保班里的其他学生会继续专心做他们手头的工作。"这需要信任的文化氛围。这也意味着，学生需要清楚他们的任务。任务是什么？我们为什么要做这件事？这项任务哪天截止？"他的一项管理策略是：确保自己永远不会成为学生前进的瓶颈。"假如学生需要我的支持，而我无法马上回应，那名学生还有其他的路可走。可能是向同伴求助，也可能是在我有空之前先切换到其他任务上。"

必要时的差异化指导。有的学生在学习管理时间和工作流程的时候，会需要额外的支持或是框架。对注意力有缺陷和其他有特殊需求的学生，教师要帮他们把项目工作切成可控的小块，提高专注度，并预计下一步的工作，以此满足他们的需要。教师应帮助学生形成自己的自我管理策略，从而成长为更独立的学习者。（想了解为 PBL 搭建学习支架的更详细内容，参见第 6 章。）

顺势而为。形成性评估策略（第 5 章会详细探讨）对在整个项目过程中检查学生的理解至关重要。但是，怎样才能在不打断学生学习的情况下检查他们的效率呢？詹姆斯·费斯特老师在中学教书的时候发现了一个有用的办法。他在每张桌子上放了一小块白板，让学生写下几个词来描述他们正在做什么。他把这种方法和曾在博物馆看到的一种方式做比较。那里的专家会竖一块小牌子，让好奇的参观者知道"我今天做的是这个"。对费斯特老师来说，这种方法"让我很容易看到学生们在做什么，以及我能在哪里提供帮助"。不过，他并没有把这个想法归功于自己。"有一个学生受够了我总是打断她的工作。有一天，她放了一张便利贴在桌上，上面写着'我正在干活'。我当时就想，这主意绝了！"

有策略地使用小组工作时间。当学生小组在课堂上有效推进项目的时候，教师可以借此机会进行观察和做些确认。这是资深 PBL 教师凯文·甘特给出的建议。他认为小组工作时间给教师提供了与各个项目小组分别探讨、观察团队协作、参与小组讨论、通过小型课程为学习搭建支架的机会。"'我（老师）那段时间会做什么？'最好带着这个问题去计划小组工作时间。如果你没有一份计划，"他补充说，"你的时间就不会被很好地利用。"（Gant，2017，para.9）。

别吝惜反思时间。在项目的"繁忙"阶段，找时间反思是有一定挑战的。要抵制住冲动，不要放弃反思的环节。即便是一堂课的最后几分钟，也足够让学生停下来回想自己的学习。项目中的哪些地方让他们感到吃力？哪些方面进行得还不错？混合使用一些反思的提示和方法，可以避免机械化的答案。例如，让学生互相采访，分享一条推特，或者用表情符号来反映他们当下对项目的感受。

安排休息时间。疲劳可能会耽误进度，在耗时较长和复杂度较高的项目里尤其如此。因此，吉姆·本特利老师带着他的学生电影制作人把项目任务做了拆分。"在一个项目工作时段内，我们可能会先花 45 分钟做某项特定工作，然后在当天晚些时候再接着做。做完一些例如脚本批改这样强度较高的工作后，我们可能会调节一下，用句子图解法做一会儿划分句子成分的练习。在精神上放松一下是很不错的。"

翻转你的课堂。在翻转课堂的模式里，教师用视频录播课取代课堂内的讲授，以家庭作业的形式让学生观看。这种方式可以用到 PBL 中，来为小组合作和个性化的指导赢得更多时间。例如，经济学老师贾森·韦尔克（Jason Welker）就是用视频课的形式，讲授他希望所有学生都能掌握的经济知识（其他教师可以使用已经制作好的课程视频，例如可汗学院提供的那些）。上课的时候，他会和每个项目小组见面，确保学生可以把（从视频家庭作业中学到的）大概念运用到他们具体的项目中。这些小组讨论在内容上通常会比传统的授课更深入。举例来说，在一个环境经济学的项目中，学生团队尝试运用经济学理论去解决联合国可持续发展目标[①]中提出的一个问题。这个项目带来了实际的行动，比如，说服学校管理层资助学生审核过的一个碳补偿[②]项目。

融入研讨会模式。研讨会模式是一种经过实践检验的教学方法，最常被用于培养学生的读写能力，也能为有效管理 PBL 中的跨学科学习活动提供支持。例如，雷·艾哈迈德经常在他的高中化学课堂上开设写作研讨会。研讨会模式不仅帮助学生提高了他们科学写作的水平，也培养了他们给予和接收反馈，以及寻求帮助的能力。对于在一个化学项目中，这种模式是如何运作的，他解释道："一名学生选出一篇作文，然后说：'嘿，组员们，我准备好分享观点和寻求反馈了。'这名做陈述的学生先是分析了文章的优点，然后说：'以下是我需要帮助的地方。我下一步该怎么做才能让这篇文章变得更好？'"艾哈迈德老师告诉学生，科学家就是用这类

---

① 联合国可持续发展目标（United Nations Sustainable Development Goals）：2015 年，联合国大会通过了《改变我们的世界——2030 年可持续发展议程》，涵盖 17 项可持续发展目标。目标提出了人类面临的全球挑战，涉及贫困、不平等、气候、环境、教育等内容，呼吁各国联合起来，在 2030 年前实现这些目标。——译者注

② 碳补偿：个人或组织向二氧化碳减排企业提供相应资金，以抵偿自己的二氧化碳排放量。——译者注

团队协作改进工作的。"如果你在一间化学实验室工作，"他基于自己的亲身经历说，"每两周你就要汇报自己的工作。这类的批判性反馈是科学研究中很关键的部分。科学家就是这么做的。"

在艾哈迈德的班上，老师和同学都会对学生写的文章提供早期的反馈。在项目接近尾声的时候，外部专家会参与进来，提供额外的批判性反馈。项目进行到这个阶段，学生已经意识到了反馈对提升他们工作的价值。学生知道，自己的作品将被发表并向公众展示，这激励着他们去追求专业级水准的科学写作能力和呈现方式。

教学指导员笔记：留住学习的痕迹

在北加利福尼亚詹姆斯·费斯特担任教研员的学区，教师们都成了学习可视化策略的忠实践行者。其中一项策略叫作"过程墙"，那上面收集了项目进行过程中的各种阶段性项目成果（其他教师可以把这个工具理解为项目墙或者项目板）。

费斯特的同事们通常会把长长的防水纸贴在教室的醒目位置，用来创建他们的过程墙。随着项目的推进，他们会往上添加学生学习的产出——须知问题列表、下课通行证①的例子、草稿纸或反思日志里的内容。"它成了项目的运行记录。"费斯特解释说，"它不是只有一种形式的信息，而是在不断进化。"

在项目结束时，教师可以把整条纸卷起来，保存这些丰富的信息，供以后的项目参考。下次他们想要教同样项目的时候，可以查阅这些学习记录，回想其中的亮点和具体的挑战。留存一份项目运行记录会对教师调整、更新、拓展内容，以及在迭代和反思中优化项目有所帮助。

对学生来说，过程墙也有多重功用。"它是一个工具，可以用来问责、

---

① 下课通行证（exit ticket）：是一种简单快速的课堂评估方式。老师会在下课前，让全体学生就本次课的几个关键问题，在一张纸上进行书面回答，然后上交，作为下课的"通行证"。——译者注

评估、探究、搭建学习支架和建立课堂文化。"费斯特说，"假如一名学生缺席了，过程墙可以帮助他快速追上进度。你可以对之前填写的内容做修改，也可以在上面添加新内容，以此来示范修改的重要性。到反思的时候，学生不一定非得牢记他们之前做了什么，因为那些都已经展现在墙上了。他们可以纵观整个项目。最重要的，是这些学生作品可以让学生感受到自己在课堂上的存在感。这会带来更多认可度。"

过程墙不仅是项目管理的有效工具，也是教学指导的有效工具。费斯特老师解释说："教学指导员或者学校管理者一走进教室，看一看墙上的内容，很快就能了解学生正处于项目的哪个阶段。它给你提供了学生正在学习内容的上下文，学校管理者或者教学指导员可以据此寻找项目式教学实践的踪迹。"

要点提炼：管理教学活动的策略

在这一章里，你已经了解了一系列在 PBL 中管理教学活动的策略。或许你过去并没有以项目经理的身份看待过自己，或是没有考虑过学生通过 PBL 而发展的自我管理技能。你在考虑管理教学活动的时候，可以参照下面的教学管理策略。

- 团队合作。你打算怎么分组？你将如何帮助小组获得开门红？你会怎样和各小组确认进展并克服挑战？
- 工具。本章叙述的哪些技术工具是你已经在使用的？你会怎样借助数字化工具实现项目的学习目标？
- 时间。项目在进行的中间阶段，难免陷入混乱。那么在规划项目日程表的时候，你是否给学生留了足够时间基于反馈修改他们的作品？当小组有效率地工作时，你如何利用课堂时间观察和确认他们的学习？

PBL 书籍推荐

《永远不要比你的学生更努力，以及其他杰出教学的原则》[1]：资深教育工作者罗宾·R. 杰克逊（Robyn R.Jackson）带领读者领略七项有效的教学原则，促进以学生为中心的学习。

《在 21 世纪获得成功所需的 PBL 教学》[2]：这本来自巴克教育研究院的出版物，阐述了如何通过项目有意识地教授和评测"4C"[3] 能力，从而帮助学生发展这些成功素养。

《给教师的项目管理工具箱》[4]：项目管理学院教育基金会为教师发布了这个易于用户使用的资源。它有两个版本：一个与行业标准术语一致，另一个与 PBL 术语一致。这些针对 10—18 岁人群实施项目的管理建议，能帮助学生为大学和职业生涯做准备。

《重构项目式学习：数字时代真实项目实战指南》（第 3 版）[5]：苏西·博斯和杰伊·克劳斯（Jay Krauss）将有效融入技术手段和 PBL 联系了起来。

《学习任务优先于应用程序：在高技术含量的课堂里设计严谨的学习》[6]：莫妮卡·伯恩斯（Monica Burns）主张将专注学习目标作为有效融入技术的第一步。书中的大量例子展示了如何利用数字工具帮助我们创作、探索和协作。

---

[1] 英文原名为 *Never Work Harder Than Your Students and Other Principles of Great Teaching*。

[2] 英文原名为 *PBL for 21st Century Success*。中文版由光明日报出版社于 2019 年 3 月出版。——译者注

[3] 4C：即批判性思维（Critical Thinking）、团队协作（Collaboration）、沟通交流（Communication）、创造能力（Creativity）这四项由英文字母"C"开头的成功素养。——译者注

[4] 英文原名为 *Project Management Toolkit for Teachers*。——译者注

[5] 英文原名为 *Reinventing Project Based Learning: Your Field Guide to Real-World-Projects in the Digital Age(3rd ed.)*。——译者注

[6] 英文原名为 *Tasks Before Apps: Designing Rigorous Learning in a Tech-Rich Classroom*。——译者注

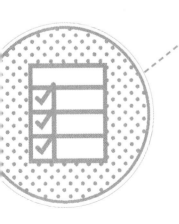

Project Based Teaching:
How to Create Rigorous and
Engaging Learning Experiences

第 5 章

评估学生的学习
Assess Student Learning

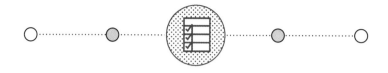

平衡形成性评估和总结性评估，并给学生提供多方面的反馈，

能帮助他们在 PBL 中实现深度学习和产出高质量作品。

谢里尔·鲍蒂斯塔的三年级学生们，在花了好几周设计他们的小房子之后，终于准备好做最终展示了。各小组轮流分享了各自的详细蓝图、等比例模型、成本预算表，并向他们的客户进行了推介。客户们仔细聆听，并查看了学生为回应驱动问题而制作的每一件作品。学生的驱动问题是：在给定的预算内，我们作为设计团队，如何综合考虑空间、选址、时间、人力、物料和个人偏好，为一个家庭规划住宅？

对观众来说不那么显而易见的，是过去几周的反馈、修改和改进，是如何一步步搭好通向最终展示环节的桥梁的。贯穿项目全过程的形成性评估包括教师反馈、同伴反馈、专家咨询和自我反思，所有这些都塑造了学生的学习，让他们得以把最好的想法向这个最终的呈现环节推进。

为什么综合性评估对 PBL 至关重要

在 PBL 中，对学生学习产生影响的一个核心因素就是综合性的评估方式。PBL 中的评估让学生得以一步步迈向精通。它不是为了"揪住错误"而打分，也并非依据能力水平给学生排序。就像评估专家里克·斯蒂金斯（Rick Stiggins，2017）建议的，恰当的评估能让所有学生取得连胜。这对 PBL 来说尤其如此，评估的重点应该直接放在学生的成长上。

★ 黄金标准项目式教学实践：评估学生的学习

一系列的项目式教学策略都是综合性评估的组成部分。各式各样的评估方法会贯穿一个项目的始终。在黄金标准项目式教学实践评价量规中，评估学生学习的指标包括以下方面：

- 使用项目成果和其他证据，透彻地评估学生对学科课标和成功素养的掌握情况。
- 充分评估学生个体的学习情况，而非只评估团队的成果。
- 定期、频繁地利用多样的工具和流程进行形成性评估。
- 在项目检查节点定期使用批判性反馈和修改的结构化规程；学生能够给出有效的反馈来支持教学决策，也能够利用收到的有效反馈来指引后续行动。
- 定期、结构化地给学生提供工作进展过程中做自评的机会，并在恰当的时候让他们评估同伴的表现。
- 在整个项目的形成性和总结性评估中，学生和教师都能够使用与课标相对应的评价量规作为参照。

若需要完整的项目式教学评价量规，请参阅书后附录。

有关学习评估的配套视频，请访问 www.bie.org。

平衡之道

可能你和你的学生已经相当熟悉 PBL 中许多好用的评估工具，比如，小测验、课堂观察，以及提供反馈的各种规程。项目式教学要达成的转变，是更加战略性地决定何时、为什么，以及怎样进行评估。

形成性评估——促进学习的评估——需要在项目中频繁地出现。在追求卓越的过程中,学生也需要获得充足的时间根据反馈修改他们的作品,并在完成最终成果前的不同阶段,持续产出多样的草案。

总结性评估——对学习成果的评估——发生在项目的末尾,但学生需要在项目伊始就对他们接受评估的方式有清晰的认识。在项目开始的时候,教师就会给学生提供评价量规,开诚布公地与他们沟通评估方案,量规用学生能理解的语言定义了掌握特定学习目标的标准。一些教师偏爱和学生一起构建评价量规,就像埃琳·布兰德沃尔德老师所在本章后续内容中阐述的那样。

PBL 中的评估也需要在个人和小组、自评和互评、学科知识和成功素养的评估间找平衡。随着时间的推移,这些评估不断累积,构成了学生学习的多维图景,而学生自己也成为这个过程的积极参与者。

为了帮助你计划有效的评估,让我们仔细看看四位教师帮助学生在PBL 中取得连胜的策略:对成功的标准开诚布公,强调形成性评估,平衡个人和小组的评估,以及鼓励不同方面的反馈。

对成功的标准开诚布公

当丽贝卡·纽伯恩在计划一个和气候变化有关的项目时,她已经知道,自己希望班上的初中生们能在项目结束时对两件事获得持久的理解:人类对地球气候的影响,以及人类可以为减缓气候变化做些什么。

这两个学习目标是和"下一代科学教育标准"(NGSS)、"共同核心州立标准"(CCSS)一致的,很适合用来作为一个深度探究的项目。这也反映了纽伯恩老师的渴望——让学生与科学产生切身的联结,并且去寻找解决方案。"在计划一个项目的时候,我常常想,这些内容怎么能和学生的生活联系到一起?如何做才能让他们在学习了这些内容后,感觉自己有能力带来改变?"

纽伯恩老师通过各种各样的方式,将学习目标清晰地呈现在学生面前，而这一切始于驱动问题。在这个她命名为"脸庞、地区和诉说：气候变化背后的科学和故事"的项目的一开始，纽伯恩老师就将驱动问题指向了项目的学习目标：气候变化给不同人群带来了怎样的影响？我们可以做些什么以带来积极的改变？在整个项目中，学习活动、学生调研、专家咨询、户外调查和反思都和驱动问题联系在一起，这帮助学生持续聚焦于学习目标，并为行动做好准备。

在项目的每个阶段，学生都明白他们成功的标准是什么，那些标准都清晰地写在纽伯恩老师的班级网站上了。她会提前告知学生各项里程碑作业是什么，以及截止时间是什么。学生也明白，在项目的最后，他们要运用自己掌握的内容提出一个会产生实际影响的气候变化行动方案。通过给学生提供项目全景，并在过程中评估和引导他们学习，纽伯恩老师为她的学生铺设了通往成功的路。

随着项目渐渐接近尾声，纽伯恩老师加入了一个学生小组，对他们的气候变化行动方案进行批判性审阅。该小组制作了一个宣传短片，旨在为减少食物浪费贡献力量。"他们阐述了这一话题的重要性，也有不错的数据。"她说。学生也用了学术性的词汇来陈述他们的论证，并指明了引用资料的出处。纽伯恩老师对提高制作水准提供了一些细节修改意见，而对学生对于核心概念的理解，她全都给出了正面的反馈。

"他们理解到，减少食物浪费是一件连孩子都可以带来实际改变的事。这真激动人心。"这同时也展现了，当学生着手去解决一个对他们有意义的问题时，他们能够做些什么。为了确保你的学生理解并接受一个 PBL 项目的学习目标，在导入活动之后就和他们分享你的评估方案吧。

拆解评价量规。根据你在 PBL 方面的经验和学校的实际情况，你可以从头开始制作一个新的项目评价量规，也可以对以往用过的量规稍加改动，或者使用年级组或学校里通用的评价量规。不管量规的来源是什么，你要确保你的学生能够理解其中的评估语言，并知道怎么用这份评价量规引导学生在学习中的成长。

例如，在一个四年级的社会研究项目中，阿比·施奈德约翰使用了评估论文的评价量规。学生通过写作工作坊对它已经很熟悉了，能够借助这份评价量规修改他们的草稿，并在同学评议的时候用其评判其他人的作文。

在埃琳·布兰德沃尔德老师的高中世界史课堂上，她指导学生制作评分指南。在"审判革命"项目结束时，这个指南将用来评估他们最终在模拟庭审上的表现。

> 学生先是花时间观看和分析了关于庭审的电影片段，并且演练了他们的法庭辩论。之后，我们通过一个规程，制定了有效参与模拟庭审的标准。为了达成共识，我们用了一个叫作"GOILS"（Groups of Increasingly Larger Size 的首字母缩写，意即越来越大的组）的规程。学生首先独立想出五条标准；随后两两一组比对标准，取舍后得出一个五条标准的列表；成对的学生再组成四人小组，重复刚才的过程；过程继续，每次小组人数都会翻倍，直到整个班级达成共识。学生定的五条标准（列举证据的详细要点、论证、陈述技巧、法律专业度和学科知识），就是陪审团在模拟庭审期间评估庭上表现的基准。

共同创建评价量规强化了追求卓越的课堂文化。布兰德沃尔德老师说："这个过程鼓励学生去思考，'假如我想把它做得非常好，那非常好的标准是什么？'"通过根据教师设定的学习目标设置他们自己的评价指标，学生对高质量的作品会有更好的理解。

如果学生刚接触评价量规，在项目进程最初的几天要安排时间让学生去练习使用这些评估工具，以消化其中的内容。一个有用的策略是分享几个学生在过去项目中完成的作品，让学生以评价量规为打分依据，评估这些作品的质量。要确保学生理解其中的评估词汇；如果学生有不熟悉的术语，要帮助他们下定义，或者提供一些他们可以理解的近义词。

化学老师雷·艾哈迈德在学年初就把评价量规介绍给了学生。他解释说，这个由纽约绩效标准协会开发的评价量规，会被用于第二学期各项目的总结性评估（最终评分）中。这是一个很重要的评估，其结果将计入学生的毕业表现。

艾哈迈德老师没有把这个评价量规发给学生作为日后的参考，而是立刻把它当作学习工具，与学生一起使用起来。学生边查阅科学报道，边参考评价量规。"这就是我们的目标。"艾哈迈德老师解释说，"我们从事的是科学家们的工作。"作为项目的一部分，学生会就他们设计的实验写出自己的文章。带着这样的目标，大家一起阅读了期刊文章，并把它作为样本，用评价量规中的标准来评析。这让学生有机会提出疑问，开始思考高质量的作品所需的必要条件。

为了帮助学生专注于具体的学习目标，你可以只给他们看评价量规中的某一行（也就是一项标准）。例如，表 5.1 展示了艾哈迈德老师和学生使用的评价量规中"提供背景信息"这一行。如果你要和学生分享这些标准，就需要确保学生能够理解其中的核心词汇，比如，资料来源、恰当引用、假设或论点。你可以帮助他们看到，评价量规从左往右的语言是平行的，但是随着作品质量的改变，字里行间的修饰语会发生变化。对学生来说，一个核心目标是：看到学习是如何通向熟练，甚至超越熟练的。

表 5.1　"提供背景信息"的评价标准

表现指标	杰出	优秀	达标	需要改进
提供背景信息	至少使用两个资料来源进行了充分的背景调研。所有资料来源都进行了恰当的标注。清晰地表述了研究问题的重要性。假设或论点基于背景调研。	进行了充分的背景调研。资料来源进行了恰当的标注。陈述了研究问题的重要性。假设或论点与背景调研相关。	引言部分包含了背景调研。标注了资料来源。陈述了研究问题的重要性。清晰地阐述了假设或论点。	引言没有包含背景调研。资料没有标注引用出处。没有表达研究问题的重要性。没有阐述假设或论点。

来源：纽约绩效标准协会。可在 www.performanceassessment.org/rubrics 上获取。

假如像团队协作或批判性思维这样的成功素养也是项目评估的一部分，那就要确保这些学习目标也得到了清晰定义。巴克教育研究院推荐使用一个评价量规评估学科知识或最终成果，然后再用另一个评价量规评估项目学习目标所瞄准的成功素养（用于评估 4C 成功素养的评价量规可以在 bie.org 网站上下载）。

一旦你确认学生已经理解了评价量规，就要鼓励他们在整个项目过程中使用量规来指导学习。例如，在泰兰尼娅·诺尔法的数学课堂上，她在每张桌子上都留下一个装有项目所有相关文件的专用文件夹，其中就有评价量规。在学生忙着解决项目目标问题时，她会在教室里来回走动，并在评价量规的抬头位置做记录。

"我边走边听边评估，然后把写有他们哪些地方做得好的便签贴到他们的桌子上。他们手边就有评价量规。他们可以先看看我的反馈，然后跟我聊聊他们下一步需要做的改进。"比如，有位学生想知道，为什么他明明找到了正确答案，但得到的反馈评价却不高。"我让他去看看评价量规。他说：'噢！我没有解释我是怎么解出答案的。'之后，他全篇都写满了对解题思路的解释说明。"那位学生由此理解到，所谓完成目标，不是简单地在方框里打个钩，而是产出高质量的作品。

🎯 **试一试：评估 21 世纪成功素养**

大部分教师都习惯了评估学科知识和技能。在项目期间，你可以用小测试、考试、写作练习和其他传统方式实现这个目标。并且，你可以在学生的作品和他们的展示中找到线索。而要评估成功素养，例如，批判性思维或解决问题的能力、团队协作能力以及创造或创新能力，你可以使用类似下面这样的方式和策略：

- 和学生分享一个评价量规或另一套评价标准（也可以共同创建一个），以描述特定的成功素养看起来是什么样的。可以参考 www.bie.org/objects/cat/rubrics 上的例子。

- 在学生做项目的时候进行观察，记录他们在一项或几项成功素养上的表现。基于评价量规或其他的评价标准，拟定一个待观察行为的清单。

- 在项目期间，和个别学生或学生小组面对面讨论他们在一项或几项成功素养上的进步情况。

- 在项目过程中和最后做总结性评估的时候，让学生参照评价量规或其他评价标准自评他们在成功素养上的表现。在项目中和结束时，让学生评估自己和同伴在一项或多项成功素养（尤其是协作）方面的表现。

- 让学生坚持记项目日志。在日志里记录他们在一项或几项成功素养上的表现情况，并在项目的最后根据这些记录反思自己的收获。

- 在学生做展示的时候提问（或鼓励他们的观众提问），从而了解学生对成功素养的掌握情况。例如，请他们描述在解决问题或开发创新产品时所经历的过程。

强调形成性评估

参观一个 PBL 的教室，你会看到形成性评估正以多样的方式展开着：让教师在课程末尾检查学生理解情况的下课通行证，让学生评估自己学习情况的反思日志，像画廊漫步那样让同伴互相提供反馈的规程，等等。

当然，这里有必要提醒一下。提高你的形成性评估检查频率不是说花更多精力去打分。对学生来说，成绩就好像停止标志，表示一项作业已经完成了。而形成性评估则与之相反，它完全与接下来的学习体验相关。

对 PBL 教师来说，形成性评估提供了规划下一步教学行动的诊断和信息。是不是要换种教概念的方法？要提供更多资源吗？要不要挑战一下学生，让他们再深入下去或者拓宽思维？对学生来说，形成性评估提供了支持他们学习的及时性反馈，帮助他们产出能展现自身理解的高质量成果。与其给每一次形成性评估评级或打分，不如把成绩留给主要的里程碑任务和总结性评估。

吉姆·本特利老师巧妙地在项目过程中强调了形成性评估。"如果只在项目的末尾给出反馈，"他提醒说，"那就已经太晚了。"本特利老师混合使用科技工具、批判性反馈的规程以及观察，来检查他所教的六年级学生的理解情况。他会在谷歌在线课堂上提一个和知识点有关的问题，或者在一个叫作 Padlet 的电子公告栏上抛出一个提示。学生的回复能让他了解到，是不是有人被难住了或者学起来比较吃力。这样一来，他就可以安排小组内的指导或者提供个别关注了。他计划了若干次画廊漫步，以引导作品完成过程中的同伴批评。他为学生的反馈搭建支架，鼓励他们思考这些问题：什么有效果？什么令人困惑？什么是你正在思考的？

本特利补充说，很多时候，有效的形成性评估就是在学生开展学习活动的时候，简单地拖一把椅子过去边看边听。假如他们卡住了，或者看起来做好了进一步深入的准备，就要给予提示或者线索。每一次的形成性评估都是给学生提供及时、可理解、可行动的反馈的机会（Fisher，Frey，& Hite，2016）。

丽贝卡·纽伯恩的科学课堂也用类似的评估实践指导学习。当她的学生在做气候变化的项目时，她采用了一系列的形成性评估技巧来检查学生的理解情况，并按需调整教学。一些做法是事先计划好的，另一些则是临场发挥的。

评估先前知识。 为了启动项目并评估学生已有的知识，纽伯恩老师要求学生快速写一篇文章，解释气候和天气的差别。为了让任务更具参与性，她在推特上模拟了这项任务。不过，学生并不是使用真实的推特平台，而是制作"纸推文"（把推文画在纸上），并且每个帖子都有具体的字数限制。

之后，为了挑战他们最初的想法，纽伯恩老师为学生提供了三个城市未来十天的天气预报信息。这三个城市来自不同的地区（阿拉斯加州、俄勒冈州以及佛罗里达州）。学生能说出哪个天气预报属于哪座城市吗？这些预报信息和学生的预测一致吗？这些预报信息会怎样影响学生对天气和气候的定义呢？

下一步，学生会向同桌朗读自己的定义，并得到推特式的回复。同伴如果不同意，就会在一条新的推文上回复并解释；如果认为写得不错，就会给推文"点赞"；如果认为内容足够好、值得分享，就转发这条推文。这个快节奏的活动，不仅让纽伯恩老师对学生的先前知识有了了解，也向学生们发出信号，表明老师不会是项目过程中唯一给予反馈的人。

设定里程碑任务。为了确保学生能够理解气候变化相关的科学知识，特别是它对人口的影响，纽伯恩老师布置了一项她计划好的、要在项目开始几周后需要学生去完成的里程碑任务，也就是在学生有时间建立他们对内容的理解以后。（根据他们对地理位置的选择）学生会被分成几个小组，为世界上某个易受气候变化影响的区域制作一幅"灾难剖析"的海报。

这项任务给纽伯恩提供了渠道，让她得以在学生进一步发展行动计划前，先检验他们对知识的理解情况。她希望了解：学生知道是什么导致了恶劣的天气事件吗？他们理解气候变化将会如何影响天气吗？他们能做出（例如洪水或干旱情况的）预测吗？他们能不能既把故事变得人性化，又不乏数据支持？

纽伯恩在海报制作过程中置入了许多同伴评估的机会。各学生小组先由设计海报草稿开始。他们向同班同学展示草稿并获得针对内容的反馈（纽伯恩老师会旁听并扫除任何误解）。当内容明确之后，他们就准备设计全尺寸的海报了。在这个环节，他们用拼图学习法 ① 向其他小组展示。作为评估的一部分，纽伯恩老师会旁听，以确保每个小组的所有学生都能准确地阐述内容。

观察和提问。除了像"灾难剖析"海报这样计划好的评估内容，纽伯恩老师还给自己留了充足的时间，在项目期间当个非正式观察员。

---

① 拼图学习法（Jigsaw）：将学生分成人数相当的几个小组，并为每个小组的成员分配不同的学习任务；接着，几个小组中分到相同任务的学生组成新的小组共同讨论；最后，学生回到原来的小组向组员呈现这一任务的讨论结果。——译者注

形成性评估的有效性"完全取决于提问",她说。当学生在讨论他们的学习时,她会聆听并提出探究式的问题,"然后退后一步让孩子们讨论"。"我并不完全是在一旁默默观察。我只在听到有必要重新审视或是有误解的情况时才会介入。"

一些她最喜欢的形成性提示很万能,可以反复使用。例如:"你能再多跟我说说吗?""你能举个例子吗?""你为什么这么想呢?""我想了解更多你说的内容背后的思考。"一些提示问题则是强化她希望在科学课上听到的学术语句,例如:"你的观点是什么?""那个论据是如何支持你的论点的?"

泰兰尼娅·诺尔法和她高中数学班上的学生一起,用非正式评估来鼓励那些遇到困难的学生坚持下去。她并不直接提供帮助。她说:"我让他们知道遇到障碍是正常的。我可能会让他们和一个问题斗争一两天。我会对他们说:'被卡住了没什么错。喘口气,然后试试用其他方法解决这个问题。我会在这儿支持你。'"如果学生还是很纠结,那就是在给教师发出信号,表示他们需要教师提供额外的指导或者换种方式来教概念。

诺尔法老师的评估方法和课堂文化是一致的。她承认,为了鼓励冒险精神和培育成长型思维,"我们会谈论从失败中吸取教训的价值"。"坚持不懈地学习数学是很难的",但恰当的评估方法能帮助学生增强意志力,获得继续向前的力量。

⊙ 试一试:形成性评估策略地图

如果你计划在项目期间要使用形成性评估和检查节点,从而确保学生正在学习的是他们需要的东西,并且在朝着完成项目成果的正确方向前进,请使用项目评估地图。你可以在这里找到空白的表格并查看填完的例子:www.bie.org/object/document/project_assessment_map。以下是基本的过程:

1. 在地图的左侧，列出项目的一个主要成果（起到总结性评估的作用）。

2. 在地图的中央，列出学生创作这个产品需要的核心知识、理解力和成功素养（这些可以用学习目标来表示，也可以由课标衍生出的重点内容来表示）。

3. 在地图的右侧，列出可以用来检查学生在这些学习目标上进展如何的形成性评估工具和策略。

图 5.1 展示了一个例子，它来自埃琳·布兰德沃尔德班上关于革命的世界历史项目。

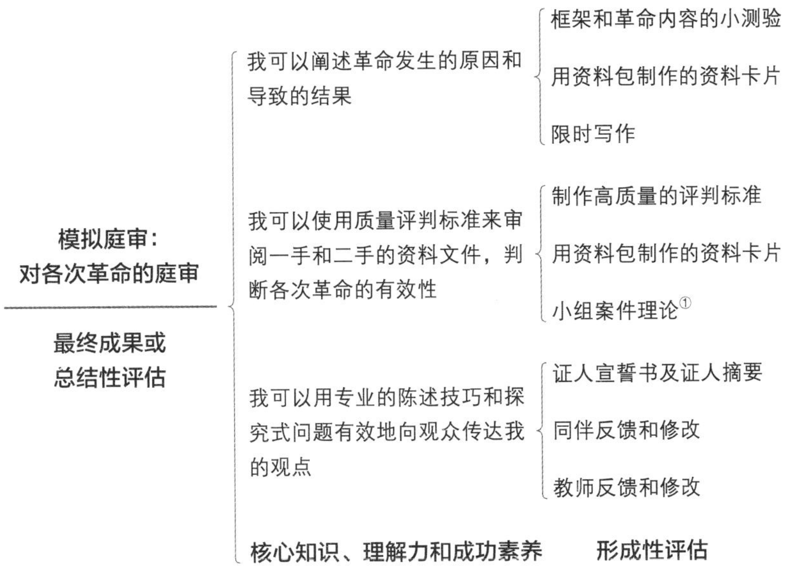

图 5.1 "审判革命"项目的项目评估地图

来源：埃琳·布兰德沃尔德老师。

---

① 案件理论（case theory）：指对已发生事实的详细、连贯、准确的叙事，是律师希望法官或陪审团采纳的案件基本情况的逻辑描述。——译者注

平衡个人和小组的评估

团队协作在 PBL 中很重要，它反映的是合作在课堂外的真实世界中所发挥的重要作用，这也是 PBL 教师在做项目计划时要考虑团队组成情况的原因。他们构筑了一种协作的课堂文化，在其中，每个学生都感到安全，每个观点都有价值。他们在管理活动、搭建支架和辅导学习的过程中，培养了学生有效协作的能力。毫不意外，团队合作在评估中也很重要。

一个困扰许多 PBL 新手的问题，是在评估一个小组产出的成果时，怎么评估个人的学习情况？如果项目是布置给团队的，一些学生（和家长）很快就会质疑其公平性。一些学校有评分政策，这让评估团队的努力变得极具挑战。

已经在这个情势下摸索过的资深 PBL 教师们积累了一些实用的策略，用来平衡个人和小组的评估。这里记录了一些他们的首选策略。

指明任务的类型。在项目的计划阶段，应先决定哪些任务将由个人完成，哪些由小组完成，然后据此安排相应的评估。例如，也许每个学生都必须通过写一篇论文或者参加一次考试的方式，展现对核心内容的理解。然后，学生需要运用他们的理解得出一个共同的解决方案，或共同制作一个产品作为团队的成果。

例如，在谢里尔·鲍蒂斯塔的小房子项目中，对学生的个人评估是通过写作任务来进行的。文章既阐发了他们的蓝图，又介绍了他们在房屋设计中所运用的数学概念。而团队评估只关注他们向客户进行的展示。

埃琳·布兰德沃尔德和许多 PBL 教师一样，通常会给个人作业安排比团队作业更大的权重。在关于革命的这个项目里，主要的个人里程碑任务包括一份在第三周末尾进行的限时写作作业。这让布兰德沃尔德老师能检查学生对内容的理解情况，并确认是不是每个学生都明白了怎样论证。在同一个项目中，学生以小组为单位接受评估。这种评估以他们的案件理论为基础，基本上就是他们的庭审论点、证据和法庭角色的大纲。"这是唯一一个他们会拿到同样成绩的作业。"她说。她的目的，是确保团队成员在取得一致意见，都知道论点和证据是什么之后，才去为自己在庭审上将扮演的角色做准备。

强调同伴问责制。评估策略有助于让学生对他们的团队负责，避免有的小组成员敷衍塞责而搭便车（有时也被学生们称作"偷懒"）。在先前关于学习管理（第 4 章）的探讨中，你已经读到了使用团队协议来促进有效团队合作的内容。一些教师还要求学生评估每个人对小组的贡献，以此作为强化问责制的一个策略。

例如，丽贝卡·纽伯恩会在一个项目接近尾声时对学生进行调研，要求他们依据个人的贡献程度调整分值。如果团队的所有成员都贡献了力量，那么分数就平均分配。"假如有人没有完成工作，或者有人做了额外的工作，这就是加减分值的一个机会。"她解释说，"因为学生之前就知道这点，所以这个环节能为团队注入责任感。"埃琳·布兰德沃尔德会在项目期间给出一些机会，让团队成员互评彼此的团队协作能力。"他们需要为每一个小组成员评分，并解释这样评分的原因。"她解释道，"我鼓励他们诚实。如果你给一个人打了（团队协作的）高分，而实际上并不是这样，你就是在允许他不劳而获。"学生也会在项目的结尾为团队做一个最终评估。这些得分会被计入他们成绩中团队协作的部分。

鼓励对团队合作进行反思。这是一种形成性评估的策略，让学生对他们小组成员共同工作的情况进行反思。它可能是日志的提示问题，可能是下课通行证上的一个问题，也可能是在和每个小组见面时提出的一个话题。尽早发现团队的挑战，可以让你在仍旧有时间纠偏的时候帮助学生弥合分歧。

鼓励不同方面的反馈

和通常只由教师评估的传统评价方式不同，PBL 中的评估可以有多个来源。这包括同伴、观众、专家以及自己。

征求同伴反馈。发展一种批判性反馈的文化，是 PBL 教师普遍使用的一个策略。这就意味着教师要教授、示范和辅导学生给出和接受同伴的反馈。许多老师都会分享 PBL 专家罗恩·伯杰的智慧。无论你的年纪如何，他都会鼓励你提出友善的、具体的、有帮助的反馈（Berger，Rugan，& Woodfin，2014）。［探索式教育（EL Education）的这个视频中，展示了伯杰老师是如何讲述"奥斯汀的蝴蝶"这个故事的。详见 http://modelsofexcellence.eleducation.org/resources/austins-butterfly。］

埃琳·布兰德沃尔德教她的学生使用多种规程来做同伴反馈。例如，在关于革命的这个项目中，各小组用鱼缸会议的方式练习他们在法庭上的论证。一个小组在鱼缸的里圈练习，另一个小组在外圈观看和聆听。在观察员们提供了反馈以后，两个小组调换位置。这个规程进行完毕后，两个小组都有时间根据反馈做出修改。

为了确保学生的反馈是具体的，布兰德沃尔德老师为学生提供了一个信息组织图来记录观察内容。中央一栏列举了全班学生共同制定的评价标准。左侧一栏给了听众一些提示问题，以便其提出改进建议："你没有做这个。这些是你可以做的。"右侧一栏则为强调优点留出了空间："你做了这个。这些你应该继续保持。"事实证明，这种批判性反馈的经验不仅对展示者有用，对听众同样有用。布兰德沃尔德老师说："那是我们在这个项目中用过的最有用的规程之一。"

邀请观众给反馈。让学生的作品拥有真实的观众，能提升学生的参与度和促进他们产出高质量的作品。这是公开展示的作品被看作 PBL 中一个核心设计元素的原因。公开展示不仅可以用来分享项目结果，也可以用来征求观众的反馈意见。

观众们可能需要从你那得到关于如何对待学生作品的指导。例如，我们之前听过谢里尔·鲍蒂斯塔的学生们是如何向客户展示他们的小房子设计，并以之作为项目的最终活动的。在那之前，老师给客户们提供了打分的评价量规和要问学生的问题。她也请客户们选出各自最喜欢的一个设计，即最适合他们的那一个。在项目的早期，学生们已经通过访谈，了解了客户的住房需要、设计偏好等。他们的设计在反映客户意愿方面做得怎么样?

在各个学生小组离开会议室之后,客户们忙着做决定,而鲍蒂斯塔老师则在旁观察。作为反馈的一部分,客户们需要对他们的最终决定提供书面的解释说明。鲍蒂斯塔希望学生了解客户做出决定的理由,并能基于这些进行反思。"为什么他们选了这个设计而不是那个?是什么因素导致了这个结果?"

在你筹备公开展示学生作品的时候,想一想你怎么做能够帮助观众做好积极与学生互动的准备。假如情况合适,可以鼓励观众们追问或者投票。例如,在一个高中市场营销的项目中,最终活动是学生向一群四年级的观众推广他们的产品。布赖恩·肖赫老师安排了四年级的学生在听完推广内容之后投票。投票结果并不计入成绩,但依旧给这群高中生提供了有意义的反馈。

与之类似,当布兰德沃尔德老师的学生在革命项目中提出自己所有的观点后,陪审团会做出裁决。陪审员们需要依据学生制作好的评判标准做出裁决。布兰德沃尔德老师也给陪审员们提供了信息组织图来记录模拟庭审过程中所呈现的证据。

鼓励专家反馈。许多项目都会有该领域专家的参与。专家们可以在研究阶段参与进来,也可以在学生设计和完善成果或解决方案的时候介入。应鼓励专家给出形成性反馈,因为他们往往对自己学科领域的卓越标准有真知灼见。专家也可以参与总结性评估,为学生的最终展示或作品打分。

在小房子项目里,谢里尔·鲍蒂斯塔的学生有多次机会咨询一位工程师。在项目早期,这位工程师曾以之前项目中的蓝图为例,给学生做示范。后来,当学生在制作自己的蓝图时,他鼓励学生要确保图纸精确、整洁,并且被恰当地标注。从专家那里听到这样的反馈"比我告诉学生把线画直要有用多了。"鲍蒂斯塔说,"如果反馈是专家给的,它更会被重视。因为那是真实的。"

雷·艾哈迈德也邀请了专家来给学生的化学项目提供反馈。有一个项目涉及大量水质数据的收集,他聘请了统计领域的专家来帮助学生思考如何分析和呈现他们的数据。参与者非常多元，有过去参加过艾哈迈德老师课程的学生，有已经毕业的学生，有数学老师，有工作中会用到统计学的人。"让我的学生见到和他们相像的人、友好的人，还有工作领域的专家，这很重要。"

艾哈迈德也格外注意学生如何与专家打交道。他希望学生能为自己和专家一对一的谈话制定议程。为了准备会议，学生会先仔细考虑他们想学到的内容。例如，一个学生可能会这样想："我将和一位统计专家见面。我想要了解如何使用 T 检验（T-tests，一种统计学方法）。关于这个话题，我已经做了两件事：我看了一个视频，也做了一些练习题。但我还是不太会。我考虑做另外两件事情。"这些思考成为和专家对话的基础。由学生提出他们想要深入学习或理解的话题，"这样的安排提升了自主性"，艾哈迈德补充说。

与之类似，金伯利·黑德－特罗特在"向纳什维尔进军"项目接近尾声的时候，邀请了一个专家团来给学生提供反馈。专家团包括一位历史学家和一位致力于社会公平的当地公民。专家们并不是参观学生作品的最终观众，最终观众就是普通民众。专家们的批判性反馈意见启发了学生做最后一轮的改进，而他们的热忱更是点燃了学生对项目的持续激情。

评估学习成果

关于形成性和总结性评估的差别，教育学教授罗伯特·斯泰克（Robert Stake）有一句广为流传的名言："厨师尝汤，这是形成性的；顾客尝汤，这是总结性的。"（Scriven，1991，p.169）

在 PBL 中，一个项目最终阶段的到来，就在评估从促进学习的评估（形成性）转向对学习成果的评估（总结性）之时。要确定学生是否达到项目最初设定的目标，教师需要带着批判性的眼光去查看学习的证据，去评估哪些是学生通过这次学习经历掌握的或能够去做的。

基于项目的特质，PBL 中的总结性评估有多种形式。例如，教师可以基于以下内容进行最终评估：

- 一个基于项目评价量规来给最终成果打出的分数。
- 一个评估学生是否可以运用自身所学的表现性任务。
- 一次展现学生对知识内容理解程度的最终测验或一篇主要论文。
- 专家对学生最终展示的成果或展览的作品提出的意见。
- 学生日志、设计笔记、实验报告或其他能证明学生学到了什么的书面成果。

在本章早先的内容中，我们探讨了平衡个人和团队评估的策略。在总结性评估中，你会想要知道每一位学生在达成学习目标这件事上取得了多少进展。例如，在学生做真实客户的理财规划师项目的最终阶段，泰兰尼娅·诺尔法老师想知道每一位学生对数学概念的理解情况。尽管学生以合作的形式向他们的客户做展示，但是，他们首先独立进行了特定的数学计算（例如，如何为房屋贷款或支付大学费用来存钱）。诺尔法老师通过查看这些计算，来评估学生对知识内容的掌握情况。

🎯 **试一试：在 PBL 中考虑多种成绩评定策略**

PBL 新手教师经常想知道，在学生以小组形式工作、创作真实的作品，并在学科知识基础上关注成功素养的项目中，怎样给学生评定成绩。引入 PBL 使许多教师、学校和学区重新思考评估和成绩报告的使用。不过，他们发现 PBL 可以同时与传统的和新式的评估及成绩报告方法兼容，包括基于标准和基于能力的成绩评定。

在 PBL 中评定成绩没有什么捷径，每一位教师通常都有自己的系统和信念。不过，这里有一些点子可供参考：

- 不要只给整个项目评定一个总成绩或分值，而要用更小的任务、测验和其他评估内容，以及项目期间各检查节点应提交的内容来评定成绩。

- 成绩评定主要基于个人表现，而非团队创作的成果。
- 可以考虑完全不给团队创作的作品评定成绩，因为一个真实的、可以公开展示成果的项目应该是能够激励学生完成高质量作品的。
- 把基于学科知识掌握程度的成绩评定和针对成功素养的能力评估（可能也包括成绩）分开。
- 不要给过程中的作品或草图的质量评定成绩或打分，而要给项目阶段性的产出打分。

教学指导员笔记：形成性的头脑风暴

当教师刚开始了解形成性评估对成功的 **PBL** 的重要意义时，他们会感觉不知所措。他们可能会疑惑，如何才能想出足够的工具和策略来保障学习如期进行。然而，不管他们有没有意识到，大部分教师其实已经有了一个好用的形成性评估工具箱。事实上，他们是如此频繁地使用签到、观察、小测验和提问策略来支持学习者，以至于可能都没有认识到自己在做的就是形成性评估。那不过就是好的教学方式而已。

这里有个可以与一群教师一起使用的快节奏辅导活动（以拼写及分类游戏 Scattergories① 为原型）。目的是帮助他们认识到自己作为形成性评估者的智慧，并为 PBL 提供一些创意评估的点子：

1. 让老师们分成三人或四人的小组。
2. 告知他们将会有五分钟的头脑风暴，大家可以想想形成性评估的点

---

① Scattergories：一种单词拼写和词汇分类相结合的游戏，在首字母和类型（比如，C、蔬菜）的限制下，去思考符合条件的单词。只有独一无二的想法能得分，和其他人相同的想法不得分。——译者注

子，越多越好。请一位志愿者分享一个形成性评估的工具或策略，以此确认大家都理解了（例如，下课通行证、拇指向上或拇指向下的手势）。

3. 开始计时。

4. 时间一到，让各组报告他们想出的点子总数。

5. 之后，各小组轮流分享自己的想法。用"Scattergories"游戏式方法进行这个过程。这意味着，假如其他组听到了同样的想法，可以插嘴（"我们也有这个想法！"）。一旦确认这个想法被重复了，每个组都得将它从列表中划掉。

6. 最终，你会得到一张独一无二的形成性评估的点子列表。所有人会一起反思每一个点子能在何时、以怎样的方式支持学生在 PBL 中的学习。

要点提炼：评估学生学习的策略

在本章中，你读到了许多支持 PBL 有效评估的资源，以及一些项目中的评估实例。你在考虑提升自己的 PBL 评估方式时，可以花一些时间反思目前的做法。

- 你的学生是否理解评估的标准？你有没有使用评价量规来辅助他们成长，并且强调追求卓越的文化？

- 你的评估计划对形成性策略是否足够关注？在本章提到的多种形成性评估方法中，有没有哪些是你会向学生介绍的？你会期待得到什么样的结果？

- 你计划如何平衡团队和个人评估？你如何帮助团队成员互相监督？假如学生创作的是团队成果，你将如何评估每一位学生的学习？

- 谁会在项目中给你的学生提出反馈？你会怎样提升来自同学、专家和观众的反馈质量？

PBL 书籍推荐

《形成性评估行动方案：通向更成功的教与学的实用步骤》①：评估专家道格拉斯·费希尔（Douglas Fisher）和南希·弗雷（Nancy Frey）展示了如何通过一轮轮的形成性反馈吸引学生成为彼此学习上的伙伴。

《如何创建和使用评价量规进行形成性评估和成绩评定》②：苏珊·M.布鲁克哈特阐明了有效评价量规的目的和质量标准，展示了这些工具是如何对形成性和总结性评估发挥作用的。

《学生参与式学习评估导论》③：简·查普（Jan Chappuis）和里克·斯蒂金斯在这本包罗万象的书中，解释了评估如何成为一种有力的学习工具，阐明了从学习目标、表现性任务到学生档案袋等各方面的内容。

《自我学习的引领者：在学生参与的评估中变革学校》④：在本书中，罗恩·伯杰、利亚·若根（Leah Rugan）和利比·伍德芬（Libby Woodfin）阐述了如何使用学生主导的评估促进学术发展，并吸引学生和家长参与到学习中来。

《课堂中的同伴反馈：让学生当专家》⑤：资深教师斯塔尔·萨克斯坦（Starr Sackstein）推荐了同伴反馈的诸多策略，用以驱动以学生为中心的课堂学习。

《追求严谨的 PBL 设计：培养自信且有能力的学习者的三个转变》⑥：迈克尔·麦克道尔（Michael McDowell）将来自 PBL 课堂的一手经验和基于研究成果的推荐做法相结合，旨在提升项目的学术严谨性。基于约

---

① 英文原名为 *The Formative Assessment Action Plan: Practical Steps to More Successful Teaching and Learning*。——译者注

② 英文原名为 *How to Create and Use Rubrics for Formative Assessment and Grading*。——译者注

③ 英文原名为 *An Introduction to Student-Involved Assessment FOR learning*。——译者注

④ 英文原名为 *Leaders of Their Own Learning: Transforming Schools Through Student-Engaged Assessment*。——译者注

⑤ 英文原名为 *Peer Feedback in the Classroom: Empowering Students to Be the Experts*。——译者注

⑥ 英文原名为 *Rigorous PBL by Design: Three Shifts for Developing Confident and Competent Learners*。——译者注

翰·哈蒂（John Hattie）^①的工作，麦克道尔展示了如何帮助学生达成从表层到深层的学习转变。

① 约翰·哈蒂是澳大利亚墨尔本大学教育研究所主任、教授。他在 2009 年的著作《可见的学习：对 800 多项关于学业成就的元分析的综合报告》（*Visible Learning: A Synthesis of Over 800 Meta-analyses Relating to Achievement*，中文版由教育科学出版社于 2015 年 6 月出版）中，凝练地展示了他持续 15 年的研究成果，旨在基于研究结果去揭示什么才能带来真正的学习改变。——译者注

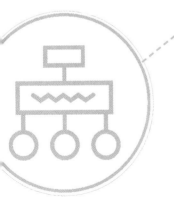

Project Based Teaching:
How to Create Rigorous and
Engaging Learning Experiences

第 **6** 章

搭建学习支架
Scaffold Student Learning

创造条件，让每一位学生——无论先前学习经验如何、语言流利与否、阅读水平怎样——都可以在 PBL 中成功。

阿比·施奈德约翰和她的教学搭档重构了一个四年级的课程单元，在重新构思这个社会科学及语言文学单元的时候，他们的目标不仅仅是快速回顾一下州历史。"学生完成了四年级的学习后，大部分只能记住淘金热，可能还有加州传教①。"施奈德约翰老师说，"我们想要更深入。"

这就是"加州大冒险"项目的起源。在八周的时间里，学生通过小组合作调研这样一个驱动问题：是什么让加州成为"金州"？学生要从历史长河中挑选一个有关"黄金"的片段，用一篇论文为自己的选择辩护，然后用一个原创小品重现那个时代。

在项目的高潮活动——全校性的展出之夜上，各小组要在现场观众面前表演各自的历史小品。筹备这场压轴大戏涉及一系列里程碑任务，包括采访、各种调研、议论文写作、布景设计、剧本创作和公开演讲。

在项目开始前，施奈德约翰老师就知道，她的 28 个学生有着多种多样的背景。一些学生来自加州本地，另一些是最近才到美国的新移民；一些学生的阅读水平与所在年级平均水准相当，甚至高于这个水准，另一些尚不能熟练运用英语。作为班级的成员，他们已经通过之前的印第安人、早期探险家和淘金热的读写单元，对本州历史有了一些共同的见解。这个"加州大冒险"项目会对每个人提出挑战，去对历史进行更多的分析。

---

① 加州传教：从 1769 年到 1823 年，西班牙士兵和僧侣在北美进行了一系列传教活动，从墨西哥向北延伸，沿着太平洋海岸，穿过当时的上加州（Alta California），共建立了 21 个传教点和 5 个要塞，代表了西班牙帝国的最后扩张。——译者注

为了帮助所有学习者取得成功，教师往往会在项目计划里准备一系列教学支持，也会在看到学生遇到困难的时候，及时提供学习支架。

"那是一种我们的预期和学生当下需要之间的平衡。"施奈德约翰补充说。

在项目式教学实践中，搭建学习支架能提供必要的支持，这样做可以使所有学生无论起点在哪儿，都可以获得学习上的成长。教师要考虑所有因素，从学生如何获取资料，是否准备好了进行研究，再到小组成员间的合作。一些学习支架服务于全体学习者，另一些则是为小群体，甚至是个人的需求定制的；一些学习支架是提前计划好的，另一些则是根据需求才使用的。施奈德约翰觉得，教师如果对搭建学习支架得心应手，那就意味着他们"能够审视学生的作品，发现他们的需求，并使用工具在学生需要时进行干预"。

▢📹 有关搭建学习支架的配套视频，请访问 www.bie.org。

为什么搭建学习支架对 PBL 至关重要

通常来说，搭建学习支架是一个重要的教学手段，但对帮助所有学生在 PBL 中取得成功来说，却是必不可少的。其目标是要创造条件和支持，让每一位学生都可以踮起脚尖够到学习目标。其中包含了学术目标和成功素养。随着学生的能力得到发展，有了自己取得成功的自信，教师就可以逐步撤除学习支架了。

在学习支架的帮助下，学生可以取得他们原本无法取得的成就（Tomlinson，2017；Wood，Bruner，& Ross，1976）。正如卡罗尔·安·汤姆林森这位差异化教学权威所阐述的：

　　　　在一个差异化的课堂中，教师的目标就是弄清楚学生和关键学习目标之间的关系，然后去提供学习体验，以此推动学习者离开舒适区走得更远、更快。为了让学生努力学习，并且学有成效，教师会提供相应的指导，并会确保学生在冲击似乎有些遥不可及的目标时，能够得到必要的支持。（2017，p.45）

在一个公平的课堂环境中，学生先前的学习经验、语言流利程度或者阅读水平都不是成功的阻碍。汤姆林森建议："请记住，每个人的下一步都是不一样的，每一位学生都需要学习支架的支持来超越自我。"（2017，p.45）

这对学习有困难的学生，以及学术能力超前或者说天才学生，都是适用的。"我们很容易会陷入这样一种模式：教师给一些学生不需要动脑筋的任务，而给另一些学生自己偏爱的任务。"她提醒道，"你真正想要的，是每一位学生都能专注于核心知识、理解力和技能，并且每一位学生都能在动手之前动脑思考。"（Tomlinson，引自 Rebora，2008，para.9）

搭建学习支架可能听起来有点儿复杂，其实并不一定是这样。如果你曾经看过孩子学骑带辅助轮的自行车，你就已经目睹过学习支架的实际运用了。辅助轮不是永久性的，当孩子掌握了平衡、操控和刹车后，它们就会被拆除。最终，在一阵摇晃，可能再摔几跤之后，孩子便能够自信、独立地骑两轮自行车了。与之类似，当学习支架在课堂上得到恰当地实施，它就能让人获得能力，而不是失去能力。（Benson，1997）

在有恰当学习支架支持的情况下，PBL 能成为不同能力的学生都适合，且容易上手的一种学习方式。然而，我们不能期待 PBL 成为一招制胜的撒手锏。随着项目的发展，那些远远落后于年级水平，或在理解上存在很大差距的学生，将会需要有针对性的关注，以培养技能和填补知识缺口。正如你将在后续的例子中看到的，PBL 教师们使用多种多样的策略（其中很多也在更传统的教学情况中使用），以确保所有学生都朝着学习目标前进。

★ **黄金标准项目式教学实践：搭建学习支架**

在一个教师注意搭建学习支架的 PBL 课堂中，所有学生都能够获得成功所需的支持。在项目式教学评价量规中，搭建学习支架有以下指标：

- 每位学生都会得到必要的教学支持来获取内容、技能和资料；当他们不再需要这些支架的时候，它们就会被移除。
- 学习支架的搭建尽可能由学生的问题和需要引导；教师并不会在项目开启阶段灌输太多信息，而是等到学生需要或请求获取信息的时候才提供。
- 使用多种多样的工具和策略来教授核心的成功素养；给学生提供实践和运用这些素养的机会，然后对进展情况加以反思。
- 给学生的探究提供引导和学习支架，同时也让学生尽可能独立地思考和行动。

若需要完整的项目式教学评价量规，请参阅书后附录。

为"加州大冒险"搭建学习支架

在 PBL 中搭建学习支架提供了一个机会，可以接入你熟悉的教学策略。许多你在更为传统的课程中使用过的支持手段——信息组织图、分级阅读、讨论规程——在项目期间也能起作用。要在 PBL 中有效地使用学习支架，需要对当前的学习挑战有具体的认识。你的目标是协助学生掌握知识内容吗？是帮助学生发展学科思维吗？是为团队协作或其他成功素养搭建支架吗？是发展学生的项目管理策略吗？不同的学习支架服务于不同的目的。为了了解它在实际教学中是如何操作的，让我们仔细来看一看阿比·施奈德约翰的"加州大冒险"项目，看看她为支持学生学习而搭建了哪些支架。

在项目早期要分组的时候，施奈德约翰和她的教学搭档考虑了学生的研究和读写能力，为知识内容搭建了相应的学习支架。她解释说："我们把那些学习最有困难的学生分到了关注淘金热这个话题的小组，因为他们对这些内容已经有一些知识储备了。"在之前一个单元的学习中，全班已经用学区所采用的一个指导练习项目学习过淘金热。有了这部分的背景知识，需要额外帮助的学生可以更专注于写作，做更少调研。

另一组学生想要调查金门大桥的历史。"我们完全没有学习过这部分内容，"施奈德约翰意识到，"他们必须自己做全部的调研。"对具备读写、语言和调研能力来自主研究新话题的学生来说，调研金门大桥的历史和工程似乎是很好的拓展。

随着项目的推进，老师们按需引入了更多的学习支架，以帮助学生掌握具体的学习目标。例如，当进行议论文写作的时候，一些学生会比其他学生需要更多的支持。"我们提供了一个部分学生使用（来组织行文）的框架；其他学生不需要这个框架。"老师们也意识到，从一个特定角色的视角写剧本，对几乎所有学生都是一个新挑战。"我们给全班学生做了很多示范，展示什么叫作采纳一个观点。"施奈德约翰说。

在学生进行创作的过程中，老师们会刻意提高同伴反馈的质量。学生在之前写作研讨班的体验中，已经学到了提供反馈的句子主干（例如，"我喜欢……""我希望……""假如……"）。"我们还得为怎么给出具体的反馈搭支架。"施奈德约翰说，"我们会说：'在这一轮反馈中，我们将忽略背景或道具。现在，让我们只关注剧本的改进。'在之后的一轮，反馈会只针对表演。他们的表演怎么样？他们的肢体语言、声音或眼神可以怎样改进？"要鼓励学生给出更有针对性的反馈，帮助所有人在正式演出的时候呈现出最佳作品。

与搭建学习支架有关的教学干预贯穿了整个项目。一些支持是提前就计划好的，另一些则是在学生需要帮助以推进项目时才拿出来。一些学习支架对全班都适用。基于形成性评估，你会发现有些学生在特定的学习主题上需要更多的个人或小组支持。在教师看来，搭建有效的学习支架是由积极的思维开启的："让我们假设所有学生都可以做得很好，让我们关注学生达成目标所需要的方法。"（Tomlinson，引自 Rebora，2008，para.9）。

⊚ **试一试：用学生学习指南来计划学习支架**

要计划学生在项目期间可能需要的学习支架，可以使用"逆向设计"流程，即以学生在项目中要创作的主要最终成果（可以是一个，也可以是多个）为起点。学生学习指南（由巴克教育研究院设计，可以在这里获取：https://my.pblworks.org/resource/document/sample_project_design_overview_and_student_learning_guide）是对做计划有帮助的工具。本书附录中有一个填写完整的例子供参阅。

以下是基本的过程：

1. 在表格的第一列，列出各项主要的最终成果。你可以把每项成果要评估的"锚定课标"也包含在内。
2. 在第二列，列出完成每一项成果所需的学习目标。
3. 在第三列，列出形成性评估的方法或检查节点，这将帮助你和学生确定学习进程是否偏离正轨。
4. 在第四列，列出将用来支持所有学习者达成学习目标的教学策略（例如，课程、活动、作业、资源）。

注：第 124—125 页描述的项目评估地图可以作为创作学生学习指南的第一步。

内容、过程和成果的差异化

尽管小学高年级老师吉姆·本特利班上学生的阅读水平有较大差异，但他还是希望，每一位学生都可以对正在学的内容做批判性的思考并参与讨论。在最近的一个电影制作项目中，学生们正在阅读纪实新闻故事，这些故事是关于气候变化的科学以及有机废物回收流程的。为了让每个人都能获取这些内容，他使用了一个名为"Newsela"（http://newsela.com）的在线平台，这个平台以五种不同的阅读难度发布每日新闻中的故事。

他说："我可以做到让所有学生都能阅读和谈论气候变化或者有机物回收。通过使用互动功能，我可以事先给文本做批注（用线索和提示来搭建支架、帮助理解），然后让学生回应。这些都是在适合每一位学生的蓝思①分级上进行的。"

在 PBL 中，教师通常会采用多种方法调整教学以满足不同学习者的需要，本特利老师将内容进行差异化的例子展示了其中的一项核心方法。让我们来探索如何对内容、过程和成果做差异化教学。

内　容

学生要能以各种方式获取信息。本特利老师通过提供不同阅读层级的信息将内容差异化。在另一个 PBL 课堂中，英语老师金伯利·黑德－特罗特提供了不同形式的内容供学生选择，例如，图像小说、朗读材料和有声书。其他教师可能会在共享的项目网站或学习站点上管理一系列的资源。

《所有人都能学习：差异化教学使用指南》（*So All Can Learn: A Practical Guide to Differentiation*）的作者约翰·麦卡锡对内容的差异化给出了这样的建议："使用诸如视频、讨论、阅读材料，以及视觉化素材等

---

① 蓝思（Lexile）：美国 Metametrics 教育公司开发的一套阅读评测体系，包含了读本难度指数和读者阅读能力两个方面，而非简单地将阅读和年龄或年级相对应。——译者注

策略，让学习者获得多种多样的途径去建立连接。学习者会发现，至少有一些呈现的内容是讲得通的；如果只用一种传达信息的模式，这种情况可能就不会发生了。"（McCarthy，2017，p.7）

学习站点或学习中心会给学生更多的内容选择。麦卡锡详细阐述道："第一个站点可能有一个包含三个视频的播放列表，学生从中挑选一个来观看。第二个站点给出了该领域的专家使用技能或者解决重要议题的细节。第三个站点收录了若干篇文章。第四个站点上可以听这些文章的录音。"（2017，p.13）

谢里尔·鲍蒂斯塔三年级的班上有几名英语非母语的学生。他们的英语水平从初级到精通不等。对每一个项目，老师都会预想学生在语言方面的需要，并计划相应的学习支架。

例如，对于设计小房子的项目，鲍蒂斯塔知道，其中包含了许多英语非母语的学生不认识的数学词汇，因此在项目的早期，她便以小组形式介绍了像周长这样的术语。"我会问他们：'你们觉得这个词是什么意思？'然后我会画图或出示照片帮助他们理解。"学生们制作了自己的内容—概念词典，其中每个术语都用一张带有同义词和反义词的图画来说明。"这让他们在整个项目期间都可以参考自己准备的资料。"鲍蒂斯塔解释说。

过　程

学生怎样理解正在学习的东西呢？每个学习者的答案很可能会不一样，这就是过程差异化也很重要的原因。汤姆林森建议，可以给学生提供一些加工信息、处理想法的选项。她用一个例子解释说：

> 为了让学生决定如何展现调研练习期间学到的东西，教师可以给学生选择权——提供一些选项，例如，对于美国革命爆发时英国和殖民地之间的关系这个话题，教师可以让学生创作一幅政治漫画，给编辑写一封信，或者做一个图表，来展现他们的理解。(Tomlinson &

Allen，2000，p.8)

丽贝卡·纽伯恩老师使用了互动式科学笔记本^①来记录 PBL 中的探究过程，并根据她的初中生们的需要提供支架式教学。笔记本的结构构建了学习支架（Macarelli，2010）。

纽伯恩解释说："（笔记本的）右侧是教师提供的信息——阅读材料、教学指导等；左侧是学生的产出。他们是怎么加工这些内容的？他们如何展现自己的思考？"一个学生可能会画一张有标注的图表或者是概念导图，另一个学生可能会分析数据并制成一张表格或写一段书面总结。

让学生选择他们想要的表达方式，"差异化就自动发生了"。纽伯恩补充说。她可以根据需要跟进，给遇到困难的学生提供支持或重新定位的引导，也可以帮助已经掌握科学概念并准备深入探究的学生拓展思路。

成　果

在 PBL 项目最终，学生通常有权选择如何展现自己的学习理解。正如麦卡锡所述："有效的成果和学习产出是相对应的、真实的、有意义的。给学生们一些成果的选项，更有利于他们找到展示自己的更好方式"。（McCarthy，2017，p.9）

本书描述的很多项目实例都产出了一系列有意义的成果，从纪录片到社区行动计划，再到家庭理财建议。一些教师赋予学生广泛的选择权，以证明他们学到的知识和能做到的事情；另一些教师则让所有学生产出同样的成果，但仍留有差异化的空间。例如，本特利的每一个学生都制作了教育视频。施耐德约翰的所有学生都写了历史短剧，并表演了出来。但在每个项目中，当涉及具体的主题、剧本、布景设计和编辑时，学生们有很多选择。

---

① 互动式科学笔记本：学生针对某一个学科或主题不断积累而制成的个人笔记，可以包含学习过程中的作品、记录和图片等，并且能够随时添加互动素材。——译者注

在决定最终成果的展现形式时，小学低年级教师萨拉·列夫特别强调让学生参与进来。"通常，学生对如何分享他们的理解有自己的想法。"她说，"我知道我们期望达成的核心理解是什么，但我会等学生对最终成果提出自己的想法。"

例如，有一年，在一个关于照看社区空间的读写项目的结尾，列夫老师幼小衔接班的学生出版了一本带插图的字母书（《T 指的是把垃圾扔掉》）。他们把书捐给了学校图书馆，用来教育其他学生。当她在第二年推出一个类似的项目时，她意识到，她的新班级已经准备好迎接更复杂的挑战以回应这样一个驱动问题：我们如何照顾好环境，并激励其他人来协助我们的工作？

"这个班的学生的思考深度比我带过的其他班要高。"列夫老师观察到，"责任这个词在他们的谈话中很自然就出现了。他们在批判性地思考如何解决问题。"最后，学生和老师一起讨论得出了这样的想法：学生制作一本培训手册、一些操作讲解视频和动手实践课程，用它们来演示为了维护校园环境如何做某些具体工作。他们甚至想出了创新型工具的创意，以此来简化他们的工作。

"这些学生的水平远超过制作一本字母书的水平，"她说，"他们可能一周就能做完（字母书）。"而那些更为雄心勃勃的最终成果，则在推动所有学生进入更深层次学习的同时，仍允许个体差异的存在。有一位在演讲、语言表达和注意力等方面有困难的学生，成功发明了"一个不可思议的工具"（一种刷子，可以用来清洁游戏室的小角落）。她使用设计思维的流程制作产品原型，并完善自己的设计。其他读写能力更强的学生则写出了信息丰富的文本，并且提高了自己的表达能力。列夫说："这个项目本身就有足够的差异性"，能够让所有学生都经历成长。

将学习支架与学习目标相对应

逆向规划可以帮助你将支架和项目的学习目标对应起来。你在确立学习目标的时候，就应考虑在项目最终希望学生掌握的内容和能够去做的事。你对能反映学生学习情况的主要成果也应进行头脑风暴，将其与课标对应起来。要计划有效的学习支架，你需要拆解这些成果，然后决定哪些知识、理解和技能对完成成果是必要的（Larmer et al.，2015）。这些信息将会帮助你制作学生学习指南、预想需要学习支架的地方。

你要始终牢记学生的具体需求和项目的学习目标，计划多种多样的教学策略，以便在项目的关键时刻搭建学习支架，特别是在你预计会面临挑战的那些时刻。雷·艾哈迈德老师知道，他化学课上的很多学生英语不是母语，还有很高比例的学生有特殊需求。他希望所有学生都能理解难懂的科学文本，并进行自己的科学研究。这些学术技能在这门课中是必不可少的。学生最后的几个项目被视为结业评估，会被计入毕业要求。

"我们要在这门课上读很多复杂的文本。"艾哈迈德坦言。尽管有些阅读材料对许多学生来说相当有挑战，但他不想为那些可能会遇到困难的学生"简化"阅读材料。相反，他计划了学习支架，用来帮助所有学生获得并理解这些学习材料。

从问题和预测开始。在分发整个项目中学生要用的厚厚的文本资料之前，艾哈迈德计划了一个入项活动，促使学生提出自己的问题。这不仅是给探究搭建的支架，也是阅读前的小练习。当他分发文本时，学生把这本阅读材料看作资源，以此帮助他们回答自己提出的问题。"这让他们得以无后顾之忧地翻阅一系列阅读材料，并找到自己问题的答案。他们为了获取信息而阅读。"

共同阅读。"有些文本很难，我们会共同阅读。"艾哈迈德解释道。带领全班学生阅读有挑战性的文本，让他有机会帮助学生学习技术词汇并介绍不熟悉的科学概念。在此过程中，他会示范读写策略，这些策略是学生在自主阅读或小组讨论文本时可以应用的。

按需要提供支持。对于在读写能力上需要额外支持的学生，艾哈迈德和他（擅长特殊教育）的搭档老师会根据需要提供额外的支持。他们可能会建议某些学生使用一些工具，比如，信息组织图或笔记模板，也可能会和需要额外帮助的学生进行一对一谈话。

艾哈迈德老师在项目接近完成的阶段安排了额外的支持，此时学生要为演讲做准备，并接受公众的详细审视。英语非母语的学生可以先两人一组，再三人一组做练习，逐步扩大到更多的观众。对想要有更多练习时间的学生，艾哈迈德会为他们预约课后练习时段。"我们在做任何困难之事时经常谈论的一点是：付出努力，我们会变得更加聪明。这些项目实际上证明了这一点。"他补充道。

想要给英语非母语的学生计划合适的学习支架，先去预测他们在 PBL 中何时以及为何会遇到困难，会是不错的第一步。例如，PBL 的流程和传统的教师主导的学习不一样，对没有经历过以学生为中心的学习模式的人来说，这可能会带来语言或文化上的障碍。由于各种原因，掌握内容或者获取技能可能颇具挑战。习得英语能力是英语非母语的学生独有的一个问题。在项目的不同阶段，你可以通过引入学习支架来帮助他们了解项目过程、理解内容、提升语言能力。表 6.1（见第 151 页）提供了一些建议。

PBL 与包容：满足所有人的需求

对于有特殊需要的学生，PBL 为有意义的包容① 提供了一个载体。特殊教育老师克里斯汀·乌利亚斯是加州戴维斯市一所 PBL 高中的包容和资源专员。她指出，每一个项目设计要素和所有的项目式教学实践，都指向创造"那种引人入胜又充满变化的学习环境，这也是服务于一大批有学习障碍的学生的最佳环境"（Uliasz，2016，para.6）。她建议的成功策略如下：

集体智慧。当各类专员和普通教育者组队进行项目规划和实施时，所有学生都会受益。例如，乌利亚斯熟悉她个别辅导的学生的具体需要，还

---

① 包容（inclusion）：此处的"包容"以及下文提到的"包容性课堂"（inclusive classroom），指的是让身体有残疾或接受特殊教育的学生，与没有这些需求的学生在普通的课堂中共同上课。——译者注

能针对他们在项目中的需要向其他老师寻求教学支持或调整方案。她要依赖各堂课的同事担当知识内容上的专家。她解释道："我们的集体智慧使我们能够在项目设计的初始阶段，就能很容易地预测各种学生的需求，并嵌入多种考虑因素。"（2016，para.9）

差异化教学。乌利亚斯认为，PBL 的好处之一在于，它天然就是差异化的。她解释道："在一个项目中，允许学生选择不同的路径和探索不同的兴趣点，意味着在任何一个时间点，同一个课堂里的学生都可能在做着非常不同的事情。有些学生因为需要把一些支持带进课堂而感到丢脸，而PBL 让这些需求不同的学生不再显得与众不同，缓解了他们的尴尬，强化了尊崇个性和自我管理的课堂文化。这些最终使学生得以掌控自己的学习。"（2016，para.11）

将 IEP①的目标嵌入项目。把学生特定的 IEP 学术目标嵌入差异化的项目路径，能让你在着手加强这些能力的时候保持一贯性。在 PBL 课堂中强调核心成功素养，赋予学生在真实和自然的语境中努力实现这些目标的日常机会。

当 PBL 在一个包容性的、会关注所有学生需要的课堂中进行的时候，学生不会被贴上标签。化学老师雷·艾哈迈德和他的搭档老师会非常注意，不去区别对待"我的学生"或"你的学生"。与其让同事只负责有特殊需要的学生，艾哈迈德更倾向于这个模式——"所有学生都是我们要负责的。"他的搭档老师拥有的工具和策略能帮助有特殊需要的学生，也能帮助全体学生。"我的工作，"艾哈迈德补充道，"是创造一种课堂文化，让所有学生的天赋都能得到充分发挥。"

---

① IEP（Individualized Education Plan）：个人化教育计划，是针对学生的个人需要而制定的教育计划。在美国，每一位接受特殊教育的学生都有一份这样的计划文档。——译者注

表 6.1 面向 PBL 中英语非母语学生的学习支架

下表提供了为英语非母语的学生在项目各阶段搭建学习支架的策略和建议。这些推荐内容和《加州英语发展标准的理论框架和研究基础》（Theoretical Foundations and Research Base of California's English Language Development Standards）中规划的学习支架搭建策略是相对应的。

	项目流程的支架	学习知识内容的支架	语言能力发展的支架
	你如何减少语言和文化上的障碍，让学生完成项目并取得成功？	你如何减少语言和文化上的障碍，让学生掌握知识技能？	你如何在项目的语境下支持学生习得英语语言能力？
启动项目：入项活动＋驱动问题	• 让学生填写并使用 BIE 的项目团队合作计划，以此来组织和安排他们在项目日期间的工作。2,5 • 把截止日期和待办事项公布在（线上或教室里的）项目墙上。2 • 使用问题生成法来帮助学生理解如何有效提问。6 • 提供封闭式问题和开放式问题的"句子框架"来帮助提问。8 • 进行头脑风暴，并给学生提出的问题分类。把问题归入学生容易识别的大类（例如，内容类问题、过程类问题、展示类问题）。8	• 在生成认知问题列表时，使用 KWL 表①，问题框架和明确的示范 8 来帮助学生捕捉与主题相关的已知内容，并帮助他们提出新问题。1,6 • 在入项活动中，使用图像化的辅助资料（例如，照片、视频、实物）来帮助各水平层次各异的学生熟悉背景。7 • 假如入项活动是一次"体验"（例如，实地考察、动手操作活动），要求学生使用信息组织图以整理思路或记录一些有助于回忆的关键词。在实地考察中，"寻宝游戏"是很有用的一种策略。7 • 如有可能，让学生在入项活动期间使用照相机记录过程中的体验，也可以创作其他视觉化的材料，以便日后重现信息和寻找连接点。7	• 在入项活动的讨论过程中明确地教授和定义内容相关的词汇。2 • 制作并维护包含和项目有关的学术语句词汇墙。8 • 以入项活动为契机，向学生介绍不同的文体，并讨论不同文体的常规用法和写作目的。4,8 • 提供更多低风险的听说练习的机会，让学生先两人一组或在小组内讨论入项活动和须知问题，然后再参与全班讨论。5 • 在项目相关的资料里（例如，入项活动、驱动问题、评价量规）避免使用（或明确地教授）俗语或谘询。4

① KWL 表：是一种信息组织图，用于在课前、课中、课后了解学生已经知道的内容，想要知道的内容和课后学到的内容。KWL 是 have known（知道）、want to know（想知道）、have learned（学到了）的缩写。——译者注

	项目流程的支架	学习知识内容的支架	语言能力发展的支架
构建知识、理解和技能以驱动回应问题	• 以学生能理解的语言（"我能……"）公布和语言学习的每日目标。经常重温这些日标。当每日目标因特定学生而产生差异化时要做标注。² • 在项目期间有策略地使用多种多样的分组（例如，内圈分组、异质分组、语言水平分组、两人配对、自由选择）。⁵	• 以多样的形式提供指导（例如，动手操作的学习体验、小组内教学、直接指导）。⁷ • 在项目期间给学生提供难度分层的文本材料。⁴ • 按逻辑顺序安排研讨会，提供清晰的示范。解释说明以及指导练习的机会。² • 让学生和语言水平不同的伙伴或探讨形成性项目评估（例如，相互支持的小组在一起，下课通行证、日志、极速转换①、会谈），并基于评估结果调整教学策略。⁵	• 通过课堂观察和书面作业（如，反思日志）对学生在语言能力上的进展做形成性评估。³ • 让学生制作有个性化图例的小词典来积累核心词汇。⁸ • 提供多样的听和说的机会（例如，内外圈讨论②、思考一结对一分享、拼图学习、角色扮演）。⁵
制作成果并进行批判性反馈，回应驱动问题	• 示范并练习用于提供批判性反馈的结构化规程。⁸ • 提供思维地图法、信息思考和想法。⁷ • 和学生共同为最终成果和成功素养的评估共同创建评估和反思量规。教师和学生应该使用这份评价量规，这份评价量规还应该在形成性和总结性评估中使用。³	• 使用问题生成新问题（详见第163页注）来引导学生生成对内容的理解。⁶	• 提供句子框架来帮助学生给予和接受反馈。⁸ • 在适当的时候，给学生提供范文或文本框架，以此教授文本和语言规范。⁸

---

① 极速转换（whip around）：一种在课程结尾时使用的小活动。教师提出一个没有正确答案的开放性问题，学生写下答案后，教师随机选学生分享，鼓励更多异议，最后教师进行总结。通过这个过程，教师可以了解课程内容的掌握情况。——译者注

② 内外圈讨论（inner-outer circles）：一种课堂讨论的模式，与苏格拉底会议类似，学生围成内外两圈，内圈预留一个空座位，再回到外圈。讨论时以轮替暂使用内圈预留座位参与讨论，再回到外圈。讨论结束后，内圈的学生进行反馈和反思。——译者注

	项目流程的支架	学习知识内容的支架	语言能力发展的支架
展示成果并回应驱动问题	• 让学生在小组内完成巴克教育研究院的展示计划。7 • 提供多次机会让学生进行展示练习并收集反馈意见。2,3 • 在学生进行展示练习的时候录像。让学生回看视频并将自己的表现和展示评价量规做比较，反思可以提高的点。3	• 提供信息组织图，帮助学生在观看其他人展示的时候整理自己学到的东西。7 • 鼓励学生运用视觉化辅助材料和多媒体工具来提升展示内容并使之更清晰。7 • 让学生使用结构化的规程来反思哪些知识和技能得到了发展。1	• 和学生一起确立对展示对象和整体情况来说最恰当的语调、正式程度和语言风格。提供范例来帮助学生理解恰当的"语言风格"。8 • 提供演讲各个方面的语言模板（例如，给出指示、比较和对照想法）。8 • 提供问题框架来协助观众有效提问。6

1　考虑学生已知的内容（包括主要的语言和文化），使之与他们将要学习的内容相关联。
2　挑选任务并排序，解释说明以及提供指导练习等按逻辑进行排序。
3　在教学过程中经常检查学生的理解状况，并在学年中以恰当的时间间隔测定学习进度。
4　为特定的目标（如动力、语言、知识内容）仔细选择文本材料。
5　提供多样化分组协作的学习过程。
6　构建优质问题，以促进批判性思维和扩展论述。
7　使用多种和媒介来增进内容的可理解性，例如，信息组织图、图表、照片、视频或其他多媒体。
8　为学生提供语言支架，例如，句子框架、开头句式、学术词汇墙、范文、语言框架表、或在教学中进行语言示范（例如，使用学术词汇或短语）。

这里有更多搭建学习支架的例子，可以帮你打开思路（Alber，2014；Tomlinson，引自 Rebora，2008）：

- **示范学习策略**。用鱼缸会议、有声思维法[①]以及分享学生作品案例的方式来示范学习策略。

- **连接先前的知识**。通过让学生分享直观感受、提出须知问题或填写 KWL 表的方式，使之与已有的知识和文化理解相连接。

- **让讨论结构化**。使用诸如思考—结对—分享、看见—思考—发问这样的规程和苏格拉底式研讨来让讨论结构化。介绍学术性讨论期间要使用的句子主干，并把它们贴在全体学生都能看见的地方，使学生可以按需取用这些学习支架来参与讨论（例如，示范如何用以"还有另一种思考这件事的方法……"或"我明白你的观点，但你有没有考虑过……"开头的句子来表达反对意见）。

- **组队**。如果条件允许，可以让有双语能力的学生和还在学习英语的学生组队。有双语能力的学生可以帮助同伴纠正发音、完善表达内容以及树立信心。

- **预先教授核心词汇**。用照片、类比、比喻或图画来预先教授核心词汇。这一策略对英语非母语的学生尤其有用。在此基础上，他们可以随着项目的进程建立自己对学术词汇的认知。

- **引入可视化的辅助工具**。引入信息组织图或者词汇墙这样的可视化辅助工具。数学和科学教师经常使用迷你白板，让学生把自己的解题思路写在上面。

- **借助科技工具**。比如，用 HyperDocs[②]制作数字化课程和互动性日

[①] 有声思维法（think aloud）：在阅读文本时，教师通过朗读并说出自己思考过程的方式，给学生示范阅读理解。学生也可以用这种方式让自己的思维过程外显化，以便教师观察和提供指导。——译者注

[②] HyperDocs：使用谷歌在线文档（Google Docs）制作的可以共享的互动课程资料。教师能在文档中添加视频、图片、地图等各种多媒体资料。学生点击文档的共享链接就可以访问这些资料。——译者注

志，以此为探究过程搭建支架，用屏幕截图服务于即时学习。

- **工作坊或小型课程。** 以此支持需要培养关键技能和理解的学生，帮助他们做好项目。学生可以自行选择工作坊，教师也可以基于形成性评估的结果邀请学生参加。

对于大部分教师来说，搭建 PBL 中的学习支架涉及各种工具和策略。早在萨拉·列夫老师为一个项目计划学习活动的时候，她就引入了多种学习支架来支持她幼小衔接班的学生们走向成功。例如，对于英语非母语和更偏向视觉学习的学生来说，信息组织图就很有帮助。除了实体的学习支架（如纸质的信息组织图），她也借助学生的问题和评论支持其他同学的思考。

"如果有三四个学生立刻参与了讨论，我可以把他们的意见当作学习支架。我可能会重复他们中某个人说的内容，接着说：'这让我想起……'我也可能会说：'看，亚历克有个很酷的想法——做一个工具。'或者'莫莉有这样一个问题。'这和我告诉学生我想让他们做什么是不一样的。示范不是来自一个成年人，而是来自他们的同伴。我觉得这对他们来说很有诱惑力。它传达的信息是——'我也能做这个'。"

及时的学习支架

在同一个项目实施的过程中，有些学生可能会停滞不前，而另一些学生可能需要拓展。及时的学习支架可以帮助你做调整，从而满足学生那一刻的需要。

例如，在泰兰尼娅·诺尔法老师的微积分预科班上，学生已经深入挑战一个项目很久了。这个项目要求他们向社区里真实的客户提供理财建议。客户们的需求多种多样：一些家庭希望得到为孩子上大学攒钱的建议，另一些则想知道如何为退休存钱、如何买房，还有些客户同时有几个理财目标。

在项目启动阶段，诺尔法老师用照片和故事向学生介绍他们的客户。学生的参与度似乎很高，因为他们意识到这些客户是真实的人，而不是数学书上的作业。学生得知他们将有机会与客户面对面会谈时，感到很兴奋。不少学生还联想到了自身的财务情况，进一步提高了参与度。

"我的大部分学生将会是家里第一个上大学的人。"诺尔法老师解释说，"这意味着，他们完全要靠自己弄明白如何实现上大学这一目标。家里没有人知道这一切是怎么运作的，其中就包括理财的这部分。因此，即便我们是在帮助其他家庭，我实际上也是在帮助我的学生们理解大学规划。这个项目与他们个人息息相关。"

不过，当学生要去解决数学问题的时候，最初的兴奋感开始消退。突然间，学生不得不去运用他们对指数函数、对数函数和有理函数的理解，去设计符合客户目标和当前财务状况的理财计划。"如果你们不理解这些公式背后的原理，"诺尔法老师告诫学生们，"可能会很难办。"

在一堂全班集体课上，她向学生介绍了一个做财务计算的通用公式。学生下一步的任务是调整这个公式，让它适用于客户的具体情况。学生在讨论须知问题时流露出的挫败感让诺尔法老师感到非常惊讶。"很多学生想要知道，'我们怎么做才能简单地解决这个问题？'我当时想：'这可太糟糕了！'"诺尔法老师笑着回忆道，"我可不打算把所有内容都喂给他们。"

基于形成性评估，诺尔法老师认识到，一些学生对数学概念的理解已经足够自己推导出公式了，他们只是需要一些鼓励来继续前进。说几句关于坚持的鼓励性话语，再提醒他们，客户依赖他们以寻得答案，这些支架对他们就足够了。

另一些学生则还在和数学问题纠缠不清。他们需要及时的支持。诺尔法老师可以通过小型课程、工作坊和公式演算示范来帮助他们。她意识到，"他们需要知识点上的帮助"，然后才能继续为客户的理财计划出力。

让我们再多考虑两个可能在项目期间需要额外搭支架的学习目标：成功素养（包括自我管理能力）和学科思维。

为成功素养搭建学习支架

当你在项目设计与计划阶段确立学习目标时，就要在关注内容掌握度的同时关注特定的成功素养。帮助学生提升团队协作能力、批判性思维能力、沟通交流能力和创造力是常见的项目目标。这四项能力再加上学术能力，为学生的升学、求职和走入社会提供了必要的准备。同样，设立目标、保持专注和有效管理时间这些自我管理能力，也将有力地支持学生在PBL和人生中取得成功。

不要假设学生会自动获得这些成功素养，或假设所有人都会步调一致。相反，要按照需要搭建支架，并用形成性评估来监测进展，以此帮助学生在期望习得的成功素养上更得心应手、胸有成竹。

随着项目的开展，你可以持续为希望培养的成功素养搭建必要的学习支架。举例来说，假如学习目标是培养团队协作能力，你将如何给团队协作搭建支架？如果是批判性思维，你会怎样帮助学生基于可靠的证据发展论证，或帮他们理解因果关系？思考学生在期望习得的成功素养上有多少经验，对他们遇到的困难保持警惕，并据此安排相应的学习支架。

你可以使用规程和惯例聚焦成功素养中学生觉得有挑战的特定方面。例如，对团队协作能力来说，小组成员间达成共识是很重要的一个方面。学生需要明白，共识并不等同于"多数原则"或"声音最大就获胜"。相反，它需要你听取不同的观点，再做出整个团队都支持的一个决定。

之前的章节说过，社会科学课的老师埃琳·布兰德沃尔德使用了一个叫作"GOILS"（越来越大的组）的规程。她用这个规程帮助学生就革命项目的评分指南达成共识。另一个能让学生达成共识这件事不再神秘的规程是"五指表决"（Boss，2013；Fletcher，2002；Rindone，1996）。学生用以下这些手势表达他们对某项决定或提案的立场：

- 拳头（不伸手指）："绝对不行。我还需要多探讨并看到一些变化才能支持这个方案。"

- 一个手指："倾向于反对。我依旧希望讨论并提出修改意见。"
- 两个手指："还行。我对这个提案还算满意，但希望探讨一些小的调整。"
- 三个手指："还不错。我并不完全赞同，但可以先支持这个方案，无须多加讨论。"
- 四个手指："是的。我认为这是一个好注意或好决策。"
- 五个手指："绝对支持！这个想法太棒了，我会协助这个方案的实施。"

出示三个手指或更少个手指的团队成员将有时间表达他们的顾虑。组内持续进行讨论，直至所有成员都能出示三个手指或更多个手指来表示赞成某个想法。

假如期望培养的成功素养是批判性思维，你可以引入开头句式给学生的论证能力搭建支架：

- "我理解你的观点，不过，还可以这么去想……"
- "你有没有考虑过……"
- "我不赞同，因为……"

假如期望培养的成功素养是创造力，你可以这样为生成创意搭建支架：对有效进行头脑风暴的策略进行示范，教学生用简单的草图或故事板展示想法并讨论，也可以通过游戏或解谜为创意思考热身。当吉姆·本特利老师的学生电影制作人在起草教育视频的最初点子时，他们需要带着创造性的眼光去看待废物回收利用问题。本特利老师阐述了他们面临的潜在挑战："我们如何说服一家企业去做一些看起来是负担的事情？我们必须想出一些可以激励企业主的创意案例。"

为了给创造力搭建支架，本特利老师让学生先在小组内想出尽可能多的创意。他鼓励发散性思维，建议学生不停地产出想法，不要停下来编辑或筛查想法的创意程度。当各小组的头脑风暴结束后，全班重新汇合，共同探讨和辩论这些创意点子。"通过这个过程，我们对七个想要进一步发展的故事达成了共识，"本特利老师说，"每个小组负责一个故事。"

萨拉·列夫老师把设计思维的流程教给了她的学生们，以此来搭建解决问题能力的支架。他们正处于一个关爱学习环境的项目的中期，有个男孩建议，发明一种工具来辅助完成某项特定的工作。他的想法激发了其他学生的创造力。"于是，我们用设计思维流程绘制我们的想法，制作原型，并把创意说给彼此听。"列夫老师解释道。像奔驰法①这样的设计策略是很有用的支架，能帮助学生想出创意方案。

你可以通过示范、鱼缸会议和角色扮演等方法给表达能力搭建支架，帮助学生理解有效表达和聆听的好处。例如，假如学生正在为专家会面做准备，全班可以花一些时间思考优质的采访问题和后续跟进行动，并且先让学生和同伴练习采访，再与专家见面。

在项目接近尾声时，你可能会注意到，学生对向公众分享他们的工作成果感到紧张。在进行最终展示之前，可以留出足够的时间让学生在较为安全的环境里做练习，为他们的表达能力搭建支架。你可以先让每个小组向另一个小组做展示，或者给自己录像，再做自我批评。在多次微调和练习之后，各小组可以向全班或另一个班做展示。每一次展示，都要确保听众明白如何提供建设性的反馈意见，也要确保学生有时间采纳反馈意见以改进他们的展示内容。

要培养学生的自我管理能力，可以协助他们使用日程表、项目跟踪器和其他项目管理工具（第4章讨论过），使其成长为更加独立、能自我管理项目工作流程的学习者。和往常一样，你需要随时准备好在学生遇到挑战和困难的时候提供支持。

在泰兰尼娅·诺尔法老师的数学项目进行过程中，她注意到许多学生很难在半独立的状态下开展工作。"当他们试着独立自主地和团队成员合作的时候，并不是很成功。他们告诉我，不想要这么大的自由度。我们便

---

① 奔驰法（SCAMPER）：即替代、合并、调整、改造、他用、去除、反向，由美国心理学家罗伯特·F.艾伯尔（Robert F. Eberle）提出，是一个常见的创意技巧。它常常被用来改进现有的产品、服务或者商业模式。——译者注

重新部署。"她说，"我暂时收回了控制权。"

团队规划指南是一个有用的支架，它列出了每个团队中每位学生的具体角色和职责范围，比如传播总监、首席数学家和项目经理。"每天，我都会给他们一张表格，让他们填写当天各自在项目里要做什么。"诺尔法意识到，"他们需要这份模板"来学习对自己和他人负责。

与此同时，有两位更有积极性和自主能力的学生已经准备好更进一步了。他们不需要每日任务提醒。诺尔法老师鼓励他们以更快的速度前进，借助他们的须知问题引出额外的调研。她观察到，"他们能通过回顾自己提出的问题来持续推进"。

即便是面对失败，资深 PBL 教师也能帮助学生发现学习的机会。例如，化学老师雷·艾哈迈德在十一年级第二学期给了学生很大的自由度，让他们基于感兴趣的问题设计自己的项目。他说："一些学生对自己的想法太兴奋了，即使我还没想好怎么帮他们改进，我也会让他们先去实施。假如在过程中失败了，他们会意识到这个想法并没有那么好。他们应该中止进程改换方向吗？这个项目里有没有哪些部分是可以微调和提升的？哪些内容是可以进一步发展的？我们谈论了这些话题。我告诉他们，成年人（在科学研究过程中）就是这么做的。他们必须面对和自己研究相关的两难困境。于是，我们有了共同学习、成长的机会。和学生一起思考这些问题是非常有价值的。"他说这也强化了一种能包容冒险的学习文化。

频繁地确认学生的进展让艾哈迈德能很早就发现问题，有机会重新部署。帮助学生从失败中复原也是一种支架。艾哈迈德通过一对一讨论，帮助学生强健在直面挑战过程中锲而不舍的意志力。当学生各尽其能地承担风险和克服挫折时，他们学到的将不仅仅是化学。"当学生们意识到'我能够掌控自己的项目'时，他们就学到了'掌控自己的人生和所做的决定'。"艾哈迈德说。

随着学生对成功素养有了信心，教师可以鼓励他们作为更加独立自主的学习者去反思自己的进步。

⊚ 试一试：教授演讲能力

不是所有项目都包含向观众做演讲的部分，还有其他方法可以公开展示学生的作品。但是，许多项目都包含演讲部分，而且，教授演讲能力的必要性很容易被忽略。在项目的进程中，教师和学生的大部分精力都集中在完成作品和回应驱动问题上。不过，等到学生要与观众分享他们的作品时，糟糕的演讲就会严重影响他们的体验。

要想培养学生的演讲能力，记住以下几点：

- 考虑在一学年的早期、开始做项目之前，就去教授表达能力和对演示媒体的使用。这样也能在项目期间节省时间。
- 由教师提供或师生共同创建一份评价量规（如 www.bie. org/objects/cat/rubrics 上的内容）或其他的衡量标准，帮助学生理解什么是好的表达能力。然后，借助这份材料对演讲的案例（如 TED 演讲）做批判性反馈。
- 提供课程、资源和指导练习来提升特定的表达能力，例如，调动情绪、讲故事、避免常见的语言错误和眼神交流。
- 向学生介绍案例和资源，帮助他们提升视觉设计的技巧，从而创作出行之有效的海报、显示内容和多媒体图表。
- 确保学生明白如何改写他们的演讲内容以适应特定的情境、任务和听众。
- 让学生多次演练他们的演讲内容。各小组可以互相练习或向试听者演讲，从而获取过程中的反馈。他们也可以用给自己录制视频的方式进行自我批评。
- 给学生提供一份筹划演讲内容的表格或模板，下页表 6.2 是给小学生或初中生使用的一个例子。

表 6.2 学生演讲计划表

我的演讲是关于：_____
我的听众是谁?_____
我希望听众们能了解、感受和做些什么?_____
_____
我会以什么方式开场?_____
演讲的中间部分要包含哪些内容?_____
我会怎么结尾?_____
我会呈现些什么或者做些什么让演讲更有趣?_____
_____

为学科思维搭建学习支架

PBL 经常让学生置身于真实的角色当中。他们面临的挑战可能是像科学家、数学家、历史学家、建筑师、工程师、纪录片制作者或者作家那样去解决问题或创作原创作品。这就需要他们学着像各领域的专家那样去思考。

初中老师也是资深 PBL 教师的汤姆·内维尔设定了一个关键的学习目标，就是让所有学生都具备很强的历史思维能力。在一些项目中，学生曾聚焦于本地化程度很高的问题，比如，调查和记录华盛顿特区某条小巷的历史（www.lifeinthealley.org）。另一些项目的范围则更全球化。"纪念碑项目"就吸引了来自不同国家的学生，由他们协作讲述埋葬在海外的美国"一战"老兵的故事。

为了帮助学生像历史学家一样思考和调研，内维尔老师从他的教师工具箱里选取了多种工具和规程介绍给学生。其中许多工具对所有历史课堂都是适用的；不过，内维尔老师有策略地将其运用于 PBL 中，以帮助学生在实现学习目标的同时强化探究的课堂文化。例如，内维尔老师很欣赏埃莉诺·达克沃思（Eleanor Duckworth）开发的批判性探索法（www.criticalexplorers.org）。他说，因为这个工具教导学生"要耐心地观察，要将观察结果构筑在其他人能看见的证据上，要聆听他人的观察结果，能够识别众多观察结果的模式，乐于与他人分享不确定性，并在一种不确定的状态中能够如鱼得水，以及接纳这样一个观念——总是会有你没注意到或不知道的事情存在"。

内维尔老师也会用"正确提问研究所"（Right Question Institute，详见 http://rightquestion.org/education）开发的问题生成法[1]给学生的探究搭建支架。他借助批判性反馈规程获取同伴间的反馈，还使用其他必需的规程培养学科思维。他说："所有这些构成了一个对证据进行思考的框架，也为在整个学年中检查学习情况提供了参考节点。"

他承认，让学生适应新的规程"一开始可能会很慢"，但这是值得花的时间。慢慢地，学生会把规程看作思考工具。"这些（规程）帮助学生适应了更慢的思考节奏，鼓励学生认真推敲后再提问，培养学生对各类证据和观点持开放心态，使学生收获了给予和接受真诚反馈的能力，并且促使学生不断反思、反复尝试。"

同样，化学老师雷·艾哈迈德也希望学生能像专业科学家那样思考和研究。科学思维一方面是说，提出的问题要可以通过实验的验证。"这很难。"他承认，尤其是在学生刚开始接触化学研究的时候。当学生在阅读文献和其他来源的资料以建立背景知识的时候，艾哈迈德老师借助规程促进提问。例如，"我想要知道什么？我必须知道什么？"（参见第 179 页表 7.1）在学生列出问题清单之后，他们对问题进行了分类：容易回答的和需要研究的，封闭性的和开放性的。"我们在第一回合之后发现，学生并没有提出能导向科学研究的问题。他们学习了很多信息，但一个实验都没有。"

为了在学年的第一个项目中给探究搭建支架，艾哈迈德会引入一个蕴藏着很多优质研究话题的真实问题，这些话题可以在化学实验室里研究。

---

[1] 问题生成法（Question Formulation Technique）：是由"正确提问研究所"开发的一套规程，包含六个可操作的步骤，旨在帮助不同经济条件、教育背景的人在课堂、家长会等众多场合提出更好的问题，并以此指导后续的行动决策。——译者注

最近的一个例子，是探索密歇根州弗林特市的水危机[①]的成因。"这在一定程度上算是强制选项。"他承认，"这个问题迫使他们去思考什么是腐蚀抑制剂，以及最佳的腐蚀抑制剂是什么。"在老师介绍了话题之后，学生就开始提出自己的问题了。"在这个（第一个）问题之后，其他就全凭学生自己掌控了——选择什么样的材料，如何去计划实验，收集什么类型的数据，以及如何分析数据。"

艾哈迈德有许多英语非母语的学生。他们最终的项目作品得到了专家点评并被分享给真实的观众，"（作品质量）显示出这些学生每个人都有独特的视角，都能进行高阶思考"。

丽贝卡·阿伯（Rebecca Alber）是 Edutopia[②]网站的博主，也是加州大学洛杉矶分校（UCLA）教育学院的讲师。她提醒教师们，花时间去支持学习者是明智的，即便那意味着要放慢进度。"我经常对老师们说，你们必须慢下来才能走得更快。事实上，在一堂课里搭建学习支架可能让教学时间变长，但最终作品的质量将大大提高，更会让所有参与者受益匪浅。"（Alber，2014，para.19）

教学指导员笔记：为教师的学习搭建支架

就像差异化教学能帮助学生做好项目一样，教师在 PBL 中所需要的支持也有很大的区别。为了给 PBL 教学实践中的教师搭建学习支架，教学指导员安德鲁·米勒给他的同事们提供了一份个性化专业发展的"菜单"：

> 正如我们给学生提供发言权和选择权那样，我们也应该这样对待老师。在学会更好地实施 PBL 这件事上，他们理应有发言权和选择

---

① 弗林特市的水危机：密歇根州弗林特市在 2014 年 4 月将供水来源改为弗林特河，水源仅经过本地处理，且为了节省开支没有添加腐蚀抑制剂，最终导致老化水管中的铅泄漏，饮用水中的铅含量大幅超标，危害了当地居民的健康。——译者注

② Edutopia：有时也被称为"教育乌托邦"，是由乔治·卢卡斯教育基金会支持的教育专题网站，鼓励幼儿园至十二年级的教育创新，并分享实践做法。网址 www.edutopia.org。——译者注

权。毕竟，所有老师在专业成长的路径中所处的位置是不同的。他们可能需要某个项目计划上的支持，或者，他们可能需要拆解课标来确保一致性。老师们也很重视在 PBL 项目实施的特定里程碑阶段相互观课。我用一份"PBL 教学指导菜单"做了试验，发现老师们很喜欢有选择权这件事，而且对这份指导菜单中的选项所需的不同投入程度非常满意。通过提供发言权和选择权，你能给培训创造出多种多样的切入点。(Miller，2017，para.6)

一份 PBL 教学指导菜单上都有什么呢？米勒的版本（参见下页表6.3）包含了"前菜"，例如，生成项目创意或在同事实施项目的时候观课；"主菜"，例如，对项目的一部分联合授课，或者和同事一起查看学生作品；以及"甜点"活动，例如，策划一场项目展出或者在项目的末尾进行反思。

要点提炼：搭建学习支架的策略

花时间反思你在本章读到的许多搭建学习支架的策略。

- 在项目期间，你如何更有意识地使用你和学生熟悉的工具和策略（例如，信息组织图、小测验或分级阅读），去搭建学习支架？
- 在你计划 PBL 中的学习支架时，你是否考虑了所有学习者的需求？每个人要想成功需要什么样的支持？哪些学习支架会是某些学生或某一批学生最需要的？
- 你如何通过将内容、过程和成果的差异化来提升学生在 PBL 中的学习结果？
- 你是否为支持学生成功素养的发展，例如自我管理能力，计划了学习支架？
- 你将如何帮助学生像专家那样思考？你会如何为学科思维搭建支架？

不论你的PBL经验如何，我们都希望提供专业的学习内容来满足你的需要。你可以从本菜单中选择指导项目，没有排序要求，也没有时间限制。

表6.3　PBL教学指导菜单

前菜	主菜	甜点
生成项目创意 找个合适的时间和你的教学指导员聊一聊，针对项目的方向、成果和头脑风暴。只需很少时间，就能收获大量的奇思妙想。 **劳烦同事上课** 你是否听说过某位同事教学PBL做得不错呢？教学指导员可以帮你代课，这样你就可以去看其他老师实施项目。之后，你也可以和同事以及教学指导员一起复盘。 **课标及目标解析** 想要给项目匹配恰当的课标吗？教学指导员可以与你协作去拆解课标，从中选出未来项目中可以授教和评估的那些标准。	**确认培训需求** 你对课堂教学有没有什么一般性的担忧？有没有什么和PBL相关或不相关的方面是你想要提高的？这个模块由一个全面开始，用来确认你在教学实践或者教学观察中面临的一个挑战或问题，之后还会有反思复盘环节。 **联合授课** 和教学指导员共同教授你的PBL项目中的一个部分。对分组感到有困难？在项目启动上需要帮助？希望用有效的批判性反馈来支持学生完成作品？在此你就可以和一位协作伙伴一起专攻及PBL项目实施的某个元素。 **PBL项目实施** 和年级组的同事们共同协作，计划并实施一个完整的项目。在五六周的时间里，你会生成自己的核心问题来带动专业学习，同事之间相互反思与实践的教学指导员一起参与反思与实践的过程。 **评估学生作品** 带着项目中的一项评估任务和相应的学生作品（形成性或总结性的）来参与这个模块。和一个小组的同事们一起使用规程，以提高学习评估的质量。	**和教学指导员喝一杯** 教学指导员会提供非正式的"访问时间"，你们可以利用这个时间喝杯咖啡或鸡尾酒。只要你想来，就可以参加。你可以和同事们聊一聊，也可以带走一些有用的材料。 **策划一场展览** 和教学指导员以及其他同事们一起策划一场或多场项目展览，既为社区里的人和家长提供反馈意见的机会，也庆祝了学生的成就。 **技术支持** 在你做项目计划的时候，获得学习技术工具的及时支持。 **项目反思和下一步目标** 在你完成了一个项目之后，学习还在继续。和教学指导员一起对你的学习进行存档并反思，然后为提升教学技能并（或）做好下一次项目设立目标。 

来源：上海美国学校安德鲁·米勒。

PBL 书籍推荐

《学术对话：培育批判性思维和知识理解的课堂谈话》[①]：杰夫·兹维尔斯（Jeff Zwiers）和玛丽·克劳弗德（Marie Crawford）介绍了吸引所有学生参与的实用沟通策略，以促成更有成效、学术性更强、相互尊重的课堂讨论。

《课堂问题的病因和治疗：直击学术和行为问题的根源》[②]：玛格丽特·瑟尔（Margaret Searle）介绍了可能干扰学习的学术和行为上的挑战，提供了诊断的策略和有针对性的干预措施，从而让学生回到正轨。

《通过项目式学习发展天生的好奇心：针对学前班到三年级课堂的五种策略》[③]：戴娜·芬尔（Dayna Laur）和吉尔·阿克尔（Jill Acker）通过大量的案例和满足低龄学习者需求（包括读写能力和语言习得）的策略，生动地呈现了小学阶段真正的项目式学习。

《初高中阶段的差异化教学》和《小学阶段的差异化教学》[④]：克里斯蒂娜·道贝特（Kristina Doubet）和杰西卡·霍基特（Jessica Hockett）的这两本针对不同学段的书，提供了升级版的差异化策略和工具，旨在更好地满足当今学习者的多样需求。

《如何在学术水平分层的课堂上进行差异化教学》（第3版）[⑤]：差异化教学权威专家卡罗尔·安·汤姆林森在更新的第3版中将理论和实践相结合。虽然本书并不是针对 PBL 的，但她对课程设计的见解能帮助教师进行

---

① 英文原名为 *Academic Conversations: Classroom Talk That Fosters Critical Thinking and Content Understanding*。——译者注

② 英文原名为 *Causes and Cures in the Classroom: Getting to the Root of Academic and Behavior Problems*。——译者注

③ 英文原名为 *Developing Natural Curiosity Through Project-Based Learning: Five Strategies for the PreK-3 Classroom*。——译者注

④ 英文原名为 *Differentiation in Middle and High School* 和 *Differentiation in the Elementary Grades*。——译者注

⑤ 英文原名为 *How to Differentiate Instruction in Academically Diverse Classrooms(3rd ed.)*。——译者注

差异化的项目式教学，将内容、过程和成果与学习者的准备程度和兴趣相匹配。

《只做一个改变：教会学生提出自己的问题》①：丹·罗思坦（Dan Rothstein）和卢茨·桑塔纳（Luz Santana）推荐了他们的问题生成法，用来给探究搭建支架并激发更加以学生为中心的学习。这一广泛使用的规程给学生更多发言的机会，也鼓励学生提出更好的问题来驱动自己的学习。

《所有人都能学习：差异化教学使用指南》：约翰·麦卡锡使用了大量的课堂案例，来说明差异化是如何对所有学习者产生影响的。

《在当今的课堂上教有天赋的孩子》②：苏珊·瓦恩布雷纳（Susan Winebrenner）和特约作者迪娜·布鲁勒斯（Dina Brulles）提供了有用的建议和资源，以便在能力水平多样的课堂中吸引和挑战有天赋的学生。

《说得好：面向所有学生的表达能力教学》③：埃里克·帕尔默（Erik Palmer）提供了帮助学生提高演讲和表达能力的策略。

---

① 英文原名为 *Make Just One Change: Teach Students to Ask Their Own Questions*。——译者注
② 英文原名为 *Teaching Gifted Kids in Today's Classroom*。——译者注
③ 英文原名为 *Well Spoken: Teaching Speaking to All Students*。——译者注

Project Based Teaching:
How to Create Rigorous and
Engaging Learning Experiences

第 7 章

参与和指导

Engage and Coach

参与和指导的策略能建立起学生的内驱力，
帮助他们实现自己的学习目标。

　　萨拉·列夫在和幼小衔接班的学生一起去建筑设计事务所实地考察的时候，忽然有了一丝灵感，明白了促进学生参与和为他们提供指导意味着什么。那时，他们已经深入到一个为学校设计户外游戏室的项目当中了。学生已经为他们的游戏室提案创作了平面图。这次实地考察，是想让他们从专家那里学习设计流程，了解建筑师使用各种模型的方法，并动手制作自己的 3D 模型。当天的目标，是让每一位学生在离开工作室的时候，完成一个基于自己平面图的纸板模型。

　　列夫老师环视工作室，在满满一屋子忙碌着的五岁学生中，注意到了一个学生——佐伊。在课堂上，她通常都很外向，很快就会参与活动，会分享自己的想法并拓展自己的学习。所以，当看到佐伊一个人呆坐在那里时，列夫老师感到很惊讶。佐伊手里拿着平面图和材料，完全没有动手制作模型。

　　列夫老师坐到她身边，问："佐伊，发生了什么？"

　　没有回应。

　　老师等着她开口。终于，佐伊说："这太难了。"

　　"什么太难了？"

　　"做这个。"佐伊指着自己的平面图说。

　　📹 有关参与和指导的配套视频，请访问 www.bie.org。

列夫思索了片刻孩子的话，然后回答说："噢，制作平面图非常困难？哪部分让你觉得困难？"

"我没法做这个。"佐伊指着自己细致的画作，那上面标记着"一个风筝""一个地下室"，以及其他想象中的设计元素。

列夫没再说话，拿过一块纸板开始摆弄，用不同的方式折叠，折出一些形状，然后说："你瞧，这里的很多模型都是从一个地下室开始的，就像是底部的一块。你想要试一试吗？"

没有回应。

"你的平面图里有没有哪个部分，是你想要动手做的呢？"

佐伊没有回答，只是盯着自己的方案，像是在说："我不可能用纸板做出这个。它看起来一定很糟。"

随后，列夫看了她方案的每个部分，注意到有一个标签叫"带轮子的游戏室"。

"等等，佐伊，你的房子是带轮子的。这太酷了！我还没见过谁的设计有这个呢。你想从这儿开始吗？"

一丝浅浅的笑容浮现在佐伊的脸上。

"我们怎么才能做一个轮子呢？"列夫老师边问，边开始把纸板弄成圆筒状。佐伊接过列夫老师手里的纸板，拿了一些胶带缠在圆筒上。

"这看起来完全就是一个轮子！"列夫告诉她。

佐伊开始弯曲另一块薄纸板，弄成了钻石形。"嘿，这可以当作底座，"她边做边说，"这和我设计的底座是一样的形状。"并用胶带把它固定住了。

佐伊顺利启动并开始工作了。列夫老师让她继续工作，差不多每五分钟回来看一看。最终，佐伊带着她完成的模型来炫耀了。

"佐伊，你注意到今天发生了什么吗？"列夫老师欣赏完模型之后问，"你刚开始坐下来的时候，都不认为自己能完成这个。"

"我以为它太难了，"佐伊说，"但并不是这样。"

列夫意识到，她见证了一个孩子从自我怀疑到为自己骄傲的转变。而看着一个小孩子有足够的自我意识，能注意到自己的转变，这太鼓舞人心了。

后来，当列夫老师回想那天在建筑设计事务所的工作室发生的事情时，她问自己："作为老师，我做了些什么？我观察了。我聆听了。我对她说的话和她的感受做出了反馈。我并没有直接教她怎样做，而是通过有意无意地演示她可能去做的尝试来搭建支架，等着她将其吸收，并整合成自己的。我注意到她的创意中非常特别和新颖的一个部分，并把它提了出来，引起了她的注意。当她看起来应付得来的时候，我信任她可以独立工作，便逐步把我身上的责任转交给她。我时不时地回去检查她的进展。最后，我帮助她弄明白自己学到了什么。"

这个简短的场景，在一个持续时间很长的 PBL 体验中只是短短一瞬，却展现了为什么促进学生参与和为其提供指导是项目式教学中如此重要的一个方面。促进参与和提供指导的策略能帮助你激发学生的最佳潜能。参与度通常是从培养学生的兴趣和长处开始的，就像列夫老师所做的那样，她指出了佐伊设计的原创性。有些项目打开了学生的眼界，发掘了学生新的兴趣点，让他们参与到原先都不知道自己感兴趣的挑战和话题中。一旦学生参与进来，再采用提问、示范和反思这些指导策略来帮助他们在应对挑战的过程中坚持不懈，直至实现目标。

如果你见过资深 PBL 教师的现场实践，你会发现，参与和指导是 PBL 教师的第二天性。再深挖一层，你会发现，PBL 教师经常借鉴体育、辩论、戏剧等其他课外活动的教练们常用的指导策略。就像 PBL 教学实践的其他六大策略一样，和学生建立良好关系只是参与和指导的一部分。促进参与和提供指导是可以学习的技能，会随着练习而提高。

对还不熟悉"教师即指导教练"这层身份的新人来说，把这一实践的组成部分拆解开会有所帮助。让我们来仔细看看如何在 PBL 中促进参与和提供指导。在很多方面，这项实践和建立积极的课堂文化（第 1 章讨论过）是重合的，并且依赖于在师生间培养一种融洽互信的关系。

★ **黄金标准项目式教学策略：参与和指导**

促进参与和提供指导的策略在整个 PBL 期间都很重要。项目式教学评价量规中关于参与和指导的指标包括：

- 教师借助对每位学生的优势、兴趣、背景和生活的了解来促进他们参与项目，这些信息也被用于教学决策。
- 学生和教师使用课标共同定义项目的目标和成功的标准，具体方法需适合学生的心智发展阶段（例如，共同构建一个评价量规）。
- 项目是教师和学生共同拥有的，这一特质维系了学生对项目的热情和主人翁意识。
- 学生的问题在探究和推进成果的过程中起到核心驱动作用，驱动问题也为持续探究发挥了积极作用。
- 对于全体学生的表现，师生共同明确了合理的高期待，并能认同和强化这份共识。
- 教师通过和学生建立密切的关系来确定每个学生的需求。这些需求不仅由教师来满足，也会由学生及其同伴在没有教师参与的情况下实现。
- 学生和教师在整个项目期间定期、正式地反思在学什么（内容）和怎么学（过程）；大家特别注意记录收获和庆祝成就。

若需要完整的项目式教学评价量规，请参阅书后附录。

对参与和指导的近距离观察

在网球巨匠安德烈·阿加西（Andre Agassi）漫长而传奇的职业生涯

中，他与各种各样的教练一起工作过。有些教练挑战他的身体极限，另一些教练在情绪上对他提出挑战。有一位教练帮助他像国际象棋选手一样思考，谋划应对不同对手的策略。他的最佳教练们帮助他扬长避短，达成了自己设定的苛刻目标。"提供指导不是说你知道多少，"他在接受《哈佛商业评论》采访时表示，"而是指你的学生学到了什么。并且，为了让你的学生去学习，你必须先钻研他。"（引自 Beard，2015，para.15）

当然，教练指导远不止于体育领域。几乎所有的努力，从企业经营到健身再到退休规划，都有商业教练、健身教练或人生教练可供选择，来帮助你提升表现。

教育也不例外。已故进步教育家、重点学校联盟（Coalition of Essential Schools）的创始人特德·赛泽（Ted Sizer）创造了"教师即指导教练"这个术语，用以描述课堂中教师的新兴职能（Sizer，2004）。教育的目标不再局限于掌握知识内容，教师的角色也不再仅仅是知识的分发器。为了帮助学生成为能在复杂世界中游刃有余的自主学习者，教师需要扩充教学策略装备库，其中就包括促进参与和提供指导。

学术领域和体育领域一样，有能力的指导教练精通知识内容，明白如何发展每个学生的技能，激发他们的动力，并组建有效的团队。教育专家卡罗尔·安·汤姆林森对"教师即指导教练"这一比喻做了更详尽的补充："最好的教练会鼓励年轻人努力工作，虽然放弃会更轻松，但依然要坚持前行；即便犯错会付出痛苦的代价，也要在跌倒后再试一次，并学着去热爱这项运动。这对动态的课堂来说是个不错的类比。"（Tomlinson，2011，para.3）

成为一名娴熟的课堂指导教练并不是说你就不讲课了。远非如此。来自俄亥俄州哥伦布市的资深 PBL 教师琼·库格勒（Jean Kugler）将提供指导描述为教学风格的一种进化。她说："这是为了自始至终最大化学生的学习，帮助他们为实现高预期而保持动力。作为一名指导教练，你正在培养学生的信心和能力。"

当你习惯了"教师即指导教练"这一角色定位之后，你的教学行为自然就会升级。随着 PBL 经验的增长，库格勒补充说："你不需要花很多力气去检查和监督。"这些做法会成为你日常惯例的一部分。"你在指导学生做出更高层次的表现。"

诚然，学着成为一名课堂指导教练可能需要摒弃、升级或者替换一些传统的教学习惯，例如，担当课堂里的权威。曾任教师的作家柯尔斯滕·奥尔森（Kirsten Olson）参加了一个培训项目，成为一名持证的教学指导员，她必须舍弃"教师传承知识"这样的观念。这不是说你的智慧和学科知识不再重要了；相反，指导教练的角色挑战你"成为求索者、问题提出者、好奇心的激发者。当你在提供指导时，你……开始对正在经历的事情真正产生兴趣"（Olson，2014，para.6）。

当教师发展出奥尔森所描述的"指导教练的立场"时，他们的课堂会变成这样一个学习环境：培养创造力、鼓励学生的发言权和选择权、通过重新平衡传统的师生权力关系来促进公平。

对化学老师雷·艾哈迈德来说，经常性地会谈帮助他更好地了解了自己的学生，从而在项目全程促进他们的参与并提供指导。"我们常常见面。"他说，每位学生会在课堂日程表上登记，保证每周至少进行一次单独会谈。老师没有设定议程；相反，是学生来选择他们想讨论什么。为了帮助学生明白会谈是如何进行的，艾哈迈德和他的搭档老师通过角色扮演的方式，为学生演示了会谈的经过。

一个学年的第一次会谈是老师和学生相互了解的好机会。学生可以分享他们的兴趣爱好、针对贯穿课程始终的评价量规提问，或者就全班讨论过的某个概念求助。"这没什么风险。"老师强调说，"学生会意识到，他们的需求是可以谈论的。一些学生刚开始对反馈会有些害怕。会谈由他们来主导，而且我可以打持久战。开始阶段，如果他们最需要的是肯定，我就可以先回复'干得好'。"

随着时间的推移，学习目标变得越来越有挑战性，会面的基调和内容也会变得越来越严肃。"学生始终在做自评。他们知道自己卡在哪儿了，"艾哈迈德说，"我也知道。"会谈让他和搭档老师能给最需要支持的学生提供更多的个别辅导时间。

艾哈迈德说，自从他引入会谈这一教学策略之后，他和学生的谈话质量提高了。"在此之前，我们的联络大多是非常事务性的。我们检查一下这个，检查一下那个。从来没有对学生正在做的事情做过持续对话。"在教学指导的策略中增加了会谈之后，整个学习体验"对学生来说更真实了。他们会觉得自己是对话的参与者，而不只是被教导的对象"。

促进参与和提供指导在整个项目期间都很重要，不过在关键阶段，一些教学行为特别值得强调。让我们仔细看看在项目的开头、中间和结尾，有哪些促进参与和提供指导的机会。

项目启动时的参与

如果你在项目设计时考虑了学生的兴趣、关注点和背景，他们更有可能从一开始就参与其中。实际上，有些项目开了个好头，就是因为项目灵感来源于学生。不过，在其他情形中，项目（以及教师的热情）会激发学生参与到他们本不知道自己会关心的话题中去。

不管项目的灵感来源于哪里，你都希望从一开始就吸引全体学习者，否则项目就会成为一段漫长而艰难的旅程。项目启动阶段是激发学生好奇心的好机会，能在情感层面上将他们和项目联系起来。当学生投身到一个项目中时，他们会明白为什么所做的事情是值得的——即便前路看起来充满挑战。从一开始，你就对学生将要取得的成绩传达出很高的期望。

雷·艾哈迈德和他化学课上的学生在开课第一天就启动了一个项目。当学生到达教室时，那里已经贴满了各式各样的图片和新闻故事，供他们进行画廊漫步。其中一些描述了密歇根州弗林特市的水危机，这场危机对非白人和低收入家庭的影响尤为严重；一些展示了纽约市住房项目中长了霉菌的房屋，那里住着许多学生；还有更多证据描述了高瓦纳斯运河的污染状况，那是一处政府基金重点支持的清污点，通向纽约港。艾哈迈德老师向学生提出挑战，要他们像解谜那样去调查这些资料。他问道："你们认为发生了什么？你们有哪些问题？"看见—思考—发问的规程有助于聚焦学生的观察并引出问题。

这些刺激足以让学生开始谈论那个更大的主题，也是艾哈迈德想在未来几周带领学生去揭示的东西。他解释说："这个项目的基本概念是环境种族主义①。这是什么？在你的社区中存在吗？我们可以对此做些什么？"艾哈迈德知道学生即将着手去做一个持续数周的复杂项目，他希望学生也能和话题间建立起情感上的关联。

艾哈迈德认为，密歇根州弗林特市的水危机是一个强有力的研究案例，它不仅能帮助学生了解腐蚀、污染等化学主题，也有助于他们思考社会正义问题。"它把镜头对准了大错特错的事情。"他说。通过把弗林特市的水危机和学生身边的类似问题联系起来，"我们让他们开始思考他们自身生活以外的更大世界。到十一年级，他们已经准备好了"。这个入项活动打下了基础，让艾哈迈德的学生得以承担起科学家的角色，并回答这样的驱动问题：作为化学家，我们能对弗林特市这样的情况做些什么？最佳的腐蚀抑制剂是什么？

随着学生沉浸到自然科学的学习中，第一天画廊漫步和讨论带来的高参与度延续到了后续几天。艾哈迈德解释说："在讨论了我们认为（案例中）正在发生的事情之后，大家开始思考我们想要做什么。"学生很容易就能把自己的问题和随后的化学实验及研究联系起来。"我们这样启动项目，学生就会提出问题并做出预测。等我们开始调研，就会产生更多的问题。一旦学生的问题变得可以（用实验）检验，我们就能设计实验并具体操作了。"艾哈迈德概括了他在科学学科中做 PBL 的方法。

谢里尔·鲍蒂斯塔正要和她的三年级学生一起做一个有关选举的项目。尽管她的学生离可以投票的年龄还差十年，但她想帮助学生以未来选民的眼光看待自己。她和同年级的同事们针对社会科学中很重要的内

---

① 环境种族主义：指的是在环境议题（政策制定或具体实践）上和种族问题高度相关的不平等状况。——译者注

容——包括选举的作用，以及民主政体中公民的权利——设计了这个项目。他们把这个项目"恰好"安排在了秋季全国大选期间，那时，学生对民主进程满腔热情。

在项目正式启动前一周，老师们开始建立学生对项目的预期。他们在教室里摆出一个投票箱，但只字未提投票箱的用途。"第一天，到上体育课的时候，我们看着空投票箱说：'哦，我猜没人投票。那么，我们就直接告诉你们今天的体育课要做什么吧。'"第二天，学生们很快就填好了选票，并且选出了在体育课上要玩儿的游戏。

但到了第三天，老师们又换策略了。"我们说：'抱歉，今天只有女孩儿可以投票！'"鲍蒂斯塔回忆说。这引发了大量的讨论，尤其引发了男孩儿间的讨论。"另外一天，我们在每一个三年级的课堂里都放了投票箱，但是，之后我们提前'关闭'了其中一个，于是，学生不得不去找其他投票点。"

等到这个项目正式启动的时候，"每个人都对投票有了一些了解，对选举有了感知"，也掌握了一些新词汇（例如投票站）。鲍蒂斯塔说："通过切身体验，他们明白了一个道理——投票确实会产生影响。"

和一个问题或一个挑战建立起个人的、情感层面的联系，是入项活动的目标。想在学生心中留下印象不一定需要很长时间。它可以是前往项目有关地点的一次实地考察，可以是一位客座嘉宾的到访、一个游戏或一次模拟、一部扣人心弦的纪录片，也可以是某种点燃学生好奇心并让他们提出问题的体验。正如数学老师泰兰尼娅·诺尔法说的那样，一个好的入项活动能"抓住学生的心，他们的头脑也会随之而来"。

驱动问题是另一个提升参与度的工具。在项目开始阶段引入驱动问题，有助于给未来的学习经历划定范围。一个好的驱动问题能够让学习变得更有目的性，能够消除学生总冒出来的那个疑惑——"我们为什么要学这个？"

例如，在鲍蒂斯塔的选举项目里，驱动问题是：一张选票会对我的生活和我所在的社区产生什么样的影响？要回答这个开放性的问题，学生们自己追问了许多须知问题。他们针对这些问题做调研，然后将发现制作成公益广告，陈述投票对一个社区的重要性。

教师通常会紧接着入项活动、在学生好奇心旺盛的时候引出驱动问题。因为合适的驱动问题能帮助学生聚焦探究，因此把问题以学生能理解的语言表述出来很重要。如果能让学生共同参与确立驱动问题的过程，就更好了。

萨拉·列夫老师和她幼小衔接班的学生一起提出了一个驱动问题。她已经想好了这个维护环境项目的学习目标，但她想看看，这群小学习者能不能在她的帮助下生成自己的驱动问题。她用一个入项活动激活了他们的思路。"我给学生们最近在抱怨的所有事情——掉在地上的外套、没有削尖的铅笔、教学环境中没被打理好的事情，等等——拍了照片。我们看着这些照片，讨论大家注意到什么。之后，我们在校园里走了一圈，回来之后谈论了更多观察到的现象。学生注意到，教学环境里有很多类似的例子。一名学生问：'为什么会发生这种情况？'另一名问：'我们能做些什么呢？'这些问题导向了我们的驱动问题：我们如何照顾好教学环境，并激励其他人来协助？"

优质驱动问题的一个标志是：它能够引出学生一长串的须知问题（参见表7.1）。

表 7.1 从探究起步

想要知道	必须知道
· 为什么他们只给儿童或幼儿做测试？	· 什么是腐蚀抑制剂？
· 其他地方有没有发生这样的事？	· 水管是怎么被腐蚀的？
· 解决这个问题需要多长时间？	· 铅会产生什么危害？
· 居民们的感受是怎样的？	· 他们会对水里的铅做什么？
· 已经做了哪些事？	· 从化学意义上解释，什么是水？
· 纽约市水中的铅含量是多少？	· 腐蚀抑制剂有毒吗？
· 铅中毒的长期后果是什么？	· 铅含量试纸管用吗？
· 谁该为此负责？	· 弗林特市在哪儿？

雷·艾哈迈德化学课上的学生通过提出问题来启动一个新项目。

◎ 试一试：引导一场须知问题的讨论

PBL 本质上是一个持续探究的过程，也就是说，学生在项目中的工作是由问题来引导的。问题应该由学生自己提出。就在入项活动和引入（或共同确立）了驱动问题之后，教师要引导学生去探讨那些为了回答驱动问题并成功完成项目所必须知道的问题。有多种方法可以做到这一点，但基本流程如下：

1. 使用翻页板、白板或电脑投影仪，写下标题"我们必须知道什么"。（可选：制作一个两栏的图表，其中一栏标注"我们知道了什么"，另一栏则标注"我们必须知道什么"。这样可以激活学生与这个主题有关的已有知识。）

2. 把提示问题列给学生，留出时间让他们独立思考并记下想法。然后两人或三人一组对问题进行头脑风暴。

3. 引导讨论以创建一份问题列表（由你或一个学生做记录），记录学生的确切用词。除非是为了澄清问题，不要加工内容，不要评判问题是好是坏，并且暂时不要回答这些问题。

4. 假如你注意到，学生在项目中必须知道的一些重要内容没有出现在列表上，可以试着通过提问引出这些问题，而不是把你自己的想法加到列表中。随着项目的推进，学生将有更多添加或修订这份问题列表的机会。（可选：让学生把问题分类，例如"开放式的"和"封闭式的"，或者"内容、过程和成果"。）

5. 把问题列表放在可以被看见的地方，或者在项目期间经常拿出来展示，这样它就成了一份"活着"的文档。当你重新审视这份列表时，可以在已经回答的问题旁边打钩。另外，你也可以添加产生的新问题，这些问题往往会随着学生了解的增多，以及深入主题和任务之后变得更有深度（在一定程度上，高年级学生可以自己管理这个过程）。

有些 PBL 教师会在表格里多增加一栏，标题是"我们如何回答这些问题"。之后，他们会引导讨论或指导学生独立填写这一栏的内容。

在项目前期，你还可以把须知问题列表当作计划教学内容的工具来使用。将问题归为三大类——内容、过程和成果，然后确定解决这些问题所需要的课程、体验、物料和资源（包括专家资源）。

在乱作一团的中间阶段，如何进行参与和指导

随着项目的开展，越来越多促进参与和提供指导的时机会浮现出来。就像体育教练会做的那样，你评估"运动员们"的天赋和能力，然后去计划挑战性恰到好处的学习活动，从而帮助每一位成员提高。你把复杂的任务和概念拆分成大小合适的内容或步骤，为新技能的培养搭建支架，留出练习的时间，并提供建设性的、及时的反馈。当学生在内容理解上取得进步或突破时，你鼓励他们反思自己的成长，并设定新的目标。你庆祝那些小小的胜利，它们累加在一起就是更具深度的学习。

指导教练也很擅长感知屋子里的氛围。你注意观察各小组是否相处融洽，并在必要的时候介入以协助管理冲突。假如有学生走进了死胡同，你帮助他们从失败中学习进而恢复。你知道他们什么时候需要打气，什么时候需要发泄不满。

来自得克萨斯州威奇托福尔斯市的教学指导员埃琳·斯塔基说："在一个长期项目的中间阶段，你能感受到那种疲惫。"如果你了解你的学生们——一个优秀指导教练的标志——你就能察觉到参与度下降的蛛丝马

迹。这可能是个信号，告诉你是时候邀请外部专家来访，或者策划一次实地调研，以此给学生的兴趣充电了。

和小学生一起做项目的时候，斯塔基用项目墙的方式展示项目过程。其中就包括了学生的问题。"这块项目板成了学生们的活动中心，"她说，"当我对学生提出的问题做到了心中有数时，我能更好地指导他们。"最终，学生开始查看彼此的问题，并一起寻找答案。"他们成了彼此的指导教练。"

即便是学生主导设计了自己的项目，他们的兴趣也会在达到目标前减弱。化学老师雷·艾哈迈德有时就不得不去帮学生克服长时间探究过程中的低迷情绪。"一开始他们很兴奋，但五个星期之后，他们可能会说：'我受够了！我对之前提出的那个问题烦透了！'"艾哈迈德会提醒他们，科学家也经常面临同样的问题，以此来指引他们克服。"这是很现实的问题。"他承认。成功的科学家们在这样的挫折中养成了继续前行的毅力。

伊恩·史蒂文森是田纳西州孟菲斯市一所高中的学校发展主任，他认为，教师的角色是"给学生提供指导，让他们在整个过程中尽可能独立地工作"。承担指导教练角色的教师应该能够"识别出学生的需要，并在指导学生完成项目的过程中，为他们提供资源、鼓励和改换方向的建议"。

一位优秀的指导教练也明白，什么时候应该后退一步让学生来主导。"对我来说，"史蒂文森说，"学生积极地谈论相关内容和设法理解，体现的就是参与度。在那样的情形下，我需要闭嘴，让他们尽情说！"

不过，假如你注意到学生没有在自主学习，你可能需要有意识地去培养这种自我管理的能力。我们之前已经了解了泰兰尼娅·诺尔法老师的做法，当她看到学生很难在半独立的状态下开展工作时，她进行了干预。她暂时收回了控制权，通过每日任务日志支持学生发展自我管理的能力。一段时间后，随着学生们养成了更好的工作习惯，她便能够逐步放权给他们。

兼任指导教练的教师不仅要庆祝小的胜利，还要帮助遇到困难或掉队的学生归队。有效的形成性评估（第 5 章讨论过）可以帮助你发现学生什么时候以及为什么需要支持。搭建学习支架的策略（第6章讨论过）是你帮助每一位学生达成学习目标的有力保障。一位能干的 PBL 教师懂得怎样从形成性评估悄然切换到及时的学习支架。

例如，俄亥俄州哥伦布市的高中老师布赖恩·肖赫正在开展一个很有前景的项目。他的商科学生看起来完全沉浸到了项目挑战中——设计产品并推广给四年级的学生。在此之前，他们已经调研了价格区间内的现有产品，并且对四年级学生做了焦点小组访谈。目前，他们所处的项目阶段是各小组集思广益，共同进行产品创意。

当肖赫老师在教室里走动的时候，他可以从对话片段中看出一些团队正在全力以赴应对挑战。"假如我听到他们在做头脑风暴和提出不同的策略，我会靠后站。"但是，当他注意到有一桌的学生沉默地瘫坐在那里，想方设法挤出一丝创意的时候，他会拉过一把椅子坐下，开始问问题。

"你们试过了些什么？还记得和四年级学生谈话时的内容吗？你们在那个年纪的时候最喜欢什么呢？"他的提问意在激发学生的思考，不过，他没有为产品提供具体的想法。他说："我不想让学生去创造某个他们觉得我会喜欢的东西。创意必须来源于他们。"

他也提醒小组成员不要忘了他们的目标，即驱动问题所定义的：我们如何设计一个吸引四年级学生的产品？在肖赫老师亲切而又指向明确的提问下，仅过了几分钟，这个小组就重新专注起来并产生新想法了。老师悄悄地转向了其他工作。他的教学行动快速而有效：聆听并观察学生的参与情况，用开放式的问题帮助学生摆脱困境，鼓励学生坚持不懈，以及帮助学生重新聚焦他们的学习目标。

通过实践和反思，PBL 教师们能够在高标准要求学生的同时，对学生所经历的困难给予关心和关注。他们扮演的是"温暖的要求者"这一角色。这是获得麦克阿瑟奖的教育家及公平倡导者莉萨·德尔比特（Lisa Delpit）使用的一个术语。她将"温暖的要求者"描述为"对学生寄予厚望，让他们相信自己的才华，并帮助他们在一个有规则、有条理的环境中发挥自己的潜力"的教师（Delpit，2012，p.77）。表 7.2（见下页）描述了"温暖的要求者"的行为表现，从中也能看出在教学实践中强化这些方面的提示。

表 7.2 "温暖的要求者"的行为表现

对教学实践的反思		
"温暖的要求者"的行为表现	我目前做得怎么样？	我如何提高？
建立信任。		
对我的学生展现温暖和关爱。		
了解我的学生和他们的生活。		
在学术和认知能力上，以高标准要求我所有的学生，并传达这份期待。		
搭建差异化的学习支架，鼓励和支持"有成效的努力"。		

反思提示鼓励教师去思考自己在"温暖的要求者"行为上做得怎么样。

当学生的理解不断加深并在集思广益的时候，你需要运用"指导教练立场"来强化一种高标准要求工作的课堂文化。你可以以项目评价量规为依据，针对学习目标和学生开展指导对话，用提问帮助学生评估自己的工作进展，并朝着卓越的方向努力。例如，当学生在为最终成品努力的时候，指导他们用批判性的眼光看待正在进行中的工作。问一些诸如"你的作品够好吗？你会用评价量规的哪部分来评价自己今天的学习进展"这类的问题，能促进学生的参与，并让他们思考自身的学习情况。这类提问可以说是很强大的工具。

项目终点的庆祝和反思

在项目接近尾声时，教师指导教练的角色——庆祝学生的成就，帮助他们反思自己的进步——还在继续。你可能在整个项目期间都在鼓励反思，但现在是时候做一次最终的"元时刻"反思了。鼓励学生暂停下来，总结他们这么长时间的学习经验。他们是如何迎接挑战，是如何获得信心，又是如何取得了让自己（和他人）惊讶的结果的？项目的高潮活动或者成果有没有达到他们的预期？他们产生了什么影响吗？他们在下一个项目中想去追寻哪些新目标？

这也是让学生反思项目本身的时机。如果你再做一次同样的项目，他们会有什么修改建议？项目有哪些弱点？他们能不能指出对成功至关重要的具体学习活动或者学习支架？作为项目设计师，你邀请学生对你的表现提供批判性反馈，也就是邀请他们戴上指导教练的帽子，让他们给你提供有价值的反馈，从而支持你作为 PBL 教师的持续成长。

教学指导员笔记：问对问题

在转向 PBL 教学法的学校里，教学指导员扮演着独特的角色。他们不是教师绩效评估者，也不是学校管理者。"一切都与和老师们建立联系有关——就像在 PBL 课堂里，师生之间的关系是那样的重要。"伊恩·史蒂文森说，他在田纳西州孟菲斯市一所高中的工作也包含了给教师提供指导。

提问是教学指导的核心——它再次反映了在 PBL 里探究是如何驱动学习的。恰当的问题可以帮助教学指导员明确目标，明白教师在进行 PBL 教学实践的过程中需要哪些支持。

以下是史蒂文森对老师们进行指导时的一些首选问题：

你为什么选择当老师？这个问题对新入职的教师和资深教师都适用。他们都有自己的故事。后来，当老师们明白了 PBL 的好处，他们常说，这唤起了他们当老师的初心。

PBL 最吸引你的点是什么？这个问题能让你了解他们的动力来源。假如我了解他们对什么事有热情，就更容易让他们参与到一些改变教学实践的工作里来。他们的回答给我提供了思路，让我知道该从哪条路径来帮助他们。

你觉得自己哪些方面做得不错？ 这个问题让我能够从成长型思维的角度进行指导。假如我们从老师们做得好的方面开始，就能朝着做得更好的方向努力了。也许他们擅长在课堂中建立惯例，因此课堂管理不成问题。很好，我们就可以从那儿开始，想想如何添加一些能更好地支持 PBL 课堂的惯例。

你希望我在哪方面帮助你？ 这让我们有了更具体的目标，且都是由老师希望提高的方面带动的。之后我可以提议做课堂观察、上一节示范课、收集数据、和学生们做访谈——一切都是为了支持老师的目标。

在一期指导项目结束时，就像在项目的末尾那样，"我会成为啦啦队长。"史蒂文森补充道，"有时候，老师们可能意识不到自己取得的进步。作为教学指导员，我的职责之一就是指出老师们的成功之处，并为此庆祝。"

要点提炼：参与和指导的策略

在本章中，你读到了许多在 PBL 中促进学生参与和提供指导的方法，也有参与和指导的实例。当你考虑如何在 PBL 中提升参与和指导的方法时，可以花一些时间反思你目前的做法。

- 你能适应"教师即指导教练"这个角色定位吗？指导教练的角色和传统的教师角色有什么不同？
- 你过去在项目启动阶段是如何让学生参与进来的？你会通过哪些迹象确认学生的参与度？
- 在项目乱作一团的中间阶段，你过去是怎么指导学生克服挑战的，又是怎么在他们兴趣减退的时候让他们保持前行的？
- 在项目的结尾，你如何鼓励学生反思自己的成长？你如何庆祝他们在学习上的成就？

PBL 书籍推荐

《指导的艺术：学校转型的有效策略》[1]：埃琳娜·阿圭勒（Elena Aguilar）没有专注于促进学生参与和提供指导的策略，而是专注于教学指导。她的见解对教师领导者、教学指导员和 PBL 导师都很有用，其中实用的方法能给教学策略转型中的教师提供支持。

《在 K-12 课堂上培养好奇心：如何促进和维持深度学习》[2]：温迪·奥斯特罗夫（Wendy Ostroff）阐述了教师如何通过仔细聆听、缜密引导、有意识地提升参与度，以及和学生一同学习这些策略，将学生天生的好奇心转化为深度探究。

《学以致用：培养独立学习者的核心策略》[3]：罗达·凯尼格（Rhoda Koenig）建议在学生发展自主学习的能力和独立性的过程中采取与他们"并肩滑冰"的策略。她的实用指导策略将学习的主动权逐步交给学生，并培养与项目式教学实践很好地对应的自主性。

《教学快车道：如何创建积极的学习体验》[4]：有人认为以学生为中心的学习就是无组织的、自由散漫的，苏西·佩珀·罗林斯（Suzy Pepper Rollins）打破了这个迷思。与之相反，她主张用刻意的教学实践将学生调入积极学习模式——团队协作、与知识深度互动、批判性思考，并为自己的学习承担更多的责任。

---

[1] 英文原名为 *The Art of Coaching: Effective Strategies for School Transformation*。——译者注
[2] 英文原名为 *Cultivating Curiosity in K-12 Classrooms: How to Promote and Sustain Deep Learning*。——译者注
[3] 英文原名为 *Learning for Keeps: Teaching the Strategies Essential for Creating Independent Learners*。——译者注
[4] 英文原名为 *Teaching in the Fast Lane: How to Create Active Learning Experiences*。——译者注

Project Based Teaching:
How to Create Rigorous and
Engaging Learning Experiences

第 **8** 章

复盘反思
Closing Reflections

对实践的反思是项目式教学取得进步的关键。

你在前几章读到的教育工作者，以不同的方式发展了他们在项目式教学中的专业知识。其中有些人所在的学校整体转向了PBL；有些人是所在学校和学区的PBL开拓者，渴望找到一个更好的方法，让教育对他们的学生来说更有吸引力和意义；还有一些人在职前培训，甚至更早的时候就体验了PBL。

无论他们在什么时候开始接触PBL，他们都认为PBL在实践过程中会越做越好。成为一名娴熟的PBL教师，并非一个项目就能实现，而是一个持续的专业学习和反思的过程，需要得到学校领导、教学指导员和其他教师的有力支持。

试一试：反思你的项目

项目结束后，马上花点儿时间记录下项目实施过程中的一些想法。借助学生的评论和任何其他数据——比如，学生作业、参与项目的其他成年人的反馈，以及评估结果——来引导你的反思。你得出的结论将会帮助你完善这个项目，以便下次实施；牢记学到的教学经验，也有助于你更好地计划未来的项目。

这里有几类可以问自己的问题，以及一些例子：

• **内容**。你选择的课标和其他学习目标是否适合该项目？是太多了，还是太少了？是否还可以加入其他内容？如果你让专家参与了这个项目，他们认为（假设你问过他们）学生应该学习什么？他们是否认为还应该加入与主题相关的内容？

- **项目设计**。这是个适合做 PBL 的好话题吗？这个项目吸引学生参与了吗？它是否在一定程度上呈现了黄金标准 PBL 的每一条核心项目设计要素？入项活动和驱动问题是否有效？最终成果是不是证明学生理解力的最佳方式？时间长短合适吗？

- **教学**。有没有哪几条项目式教学实践是你觉得自己更擅长的？在下次做项目的时候，你在这些方面如何收获更多，如何更好地提升自己的实践？

- **结果**。学生是否充分学习和发展了核心知识、理解力和成功素养？他们的作品质量高吗？如果不高，如何改进呢？项目中有没有额外的产出让你感到惊喜或欣慰？

让我们以一些最后的反思来结束这段旅程吧。这些反思可能会在你踏上 PBL 之旅时有帮助。小学老师萨拉·列夫热衷于那些"对师生来说，跳一跳才能够得到"的项目。尽管在她的整个教学生涯中，她一直用 PBL 教学，但每次新项目开始时，她仍然会紧张。"项目开始时我会有些焦虑。我丈夫提醒我，我每次都会这么说！我之所以有些不安，是因为我不知道到底会发生什么。但这是教学中令人兴奋的部分。你把所有权移交给学生，他们的参与度是那么高。学生们支持，家长们也支持。不知不觉间，项目通常都会成功。"

初中历史老师汤姆·内维尔回忆起他职业生涯早期的一次经历，那次经历让他相信为 PBL 付出努力是值得的。他第一次尝试 PBL，是在一所充斥着传统教学法的学校。这种文化不利于学生探究和教师创新。

内维尔老师回忆起在他第一个项目中发生的事情。这个项目要求学生记录华盛顿特区一条小巷的历史，并与历史学家和文物保护者分享他们的发现。"学生解释说，一开始他们并不欢迎向 PBL 转变，这突显出学校的大文化并不完全倾向于采用这种教学法。他们不想做项目。他们想要的是已经得心应手的东西：听课和考试。学生们甚至在私下里讨论这个问题，并指定一个代表在课堂上与我对质，他的原话是：'我们想让你讲课并给我们安排考试。'"

然而，在项目结束时，那位反对 PBL 的代表成了 PBL 的坚定倡导者。内维尔老师继续说道："当然，我在那一学年开头的工作还有很多可提高的空间，但我仍需要承担朝这个方向前进的风险，哪怕有怀疑和牵绊也要坚定不移，在这个过程中与学生开放、真诚地交流决策和想法，并且寻找与课堂外世界的连接，让工作更有意义。这些方法有助于弥补我的不足、丰富我的 PBL 教学经验。"

内维尔在那段经历之后换了学校，他现在所在的学校支持 PBL。尽管如此，他仍在继续试验、反思和微调，"以找出平衡时间、评估和学习支架的最佳方法"。他想向其他老师传达的信息是什么呢？"如果我们在自己的工作中没有采用同样的思维方式，却越来越多地向学生强调试验、冒险和从失败中吸取教训的重要性，这是不公平的。"

对高中老师雷·艾哈迈德来说，PBL 已经成为一种经典模式，以意义深远的方式把学生的生活和学术知识联系在一起。他说："当你把化学当作职业内容时，你实际上不只是坐在实验室里，还将它应用于修复建筑、确保水质安全等工作。"例如，一个关注密歇根州弗林特市水危机的项目，"就与真实发生且导致了巨大伤害的事件有关"。虽然化学是导致问题的一个因素，但它也提供了解决方案。"让我的学生们从不同的视角看到，在现实世界中如何负责任地使用化学，这一点很重要。"

艾哈迈德老师邀请了外部专家参与项目，这也拓展了学生对人们试图解决实际问题的认识。"这些专家中不仅有化学家，还有社会运动推动者，以及参与社会政策制定的人。这反映了我希望从项目中传达的一点——我们从他人身上学习，团队中的每个成员都很重要，都会有所贡献。"

最后，高中老师埃琳·布兰德沃尔德给了我们一些实用的建议。她回忆起自己职业生涯早期的一个时刻，当时，展示学生作品的一场项目展览即将来临，她不确定学生是否为展示成果做好了准备。"我当时吓坏了。"她承认。一位对 PBL 更有经验的同事提了些建议，让她印象深刻。"他说：'假如你想做 PBL，你就得毫不犹豫地去做。'"尽管心存疑虑，她还是接受了他的建议，学生也很好地应对了这次挑战。

对那些支持教师在 PBL 教学法上成长的学校领导来说，这里还有一个来自资深 PBL 教师的主意。

每节课结束时，布兰德沃尔德老师都会对学生的努力给予特别的表扬。"我会说一些在那天我特别欣赏他们的事情。这样的小事会让学生觉得自己是被关注的，知道自己的刻苦努力是有价值的。这让他们更愿意承担风险或投入额外的精力。"

就像布兰德沃尔德老师的学生们一样，刚接触 PBL 的老师也需要有人鼓励他们的努力付出。他们需要适应承担风险，需要有机会收到建设性的反馈，也需要有时间应用反馈做改进。

项目式学习就是边做边学。不足为奇的，是项目式教学也如此。通过亲身体验 PBL，并反思自己的经验，你将掌握项目式教学实践。

参考文献

Aguilar, E. (2013). *The art of coaching: Effective strategies for school transformation.* San Francisco: Jossey-Bass.

Ainsworth, L. (2013). *Prioritizing the Common Core: Identifying specific standards to emphasize the most.* Boston: Houghton Mifflin Harcourt.

Ainsworth, L. (2014a). *Power standards: Identifying the standards that matter the most.* Boston: Houghton Mifflin Harcourt.

Ainsworth, L. (2014b). *Prioritizing the common core: Identifying specific standards to emphasize the most.* Boston: Houghton Mifflin Harcourt.

Alber, R. (2014, January 24). 6 scaffolding strategies to use with your students [blog post]. Retrieved from *Edutopia* at www.edutopia.org/blog/scaffolding-lessons-six-strategies-rebecca-alber

Beard, A. (2015, October). Life's work: An interview with Andre Agassi. *Harvard Business Review.* Retrieved from https://hbr.org/2015/10/andreagassi

Benson, B. (1997). Scaffolding (coming to terms). *English Journal, 86*(7), 126–127.

Berger, R. (2003). *An ethic of excellence: Building a culture of craftsmanship with students.* Portsmouth, NH: Heinemann.

Berger, R., Rugan, L., & Woodfin, L. (2014). *Leaders of their own learning: Transforming schools through student-engaged assessment.* San Francisco: Jossey-

Bass.

Boss, S. (2013). *PBL for 21st century success.* Novato, CA: Buck Institute for Education.

Boss, S. (2015). *Real-world projects: How do I design relevant and engaging learning experiences?* Alexandria, VA: ASCD.

Boss, S., & Krauss, J. (in press). *Reinventing project-based learning: Your field guide to real-world projects in the digital age* (3rd ed.). Eugene, OR: International Society for Technology in Education.

Brookhart, S. (2013). *How to create and use rubrics for formative assessment and grading.* Alexandria, VA: ASCD.

Burns, M. (2018). *Tasks before apps: Designing rigorous learning in a tech-rich classroom.* Alexandria, VA: ASCD.

Çakiroğlu, Ü., Akkan, Y., & Güven, B. (2012). Analyzing the effect of web-based instruction applications to school culture within technology integration. *Educational Sciences: Theory and Practice, 12,* 1043–1048.

Chappuis, J., & Stiggins, R. (2011). *An introduction to student-involved assessment FOR learning.* New York: Pearson.

Deal, T. E., & Peterson, K. D. (2009). *Shaping school culture: Pitfalls, paradoxes, and promises* (2nd ed.). San Francisco: Jossey-Bass.

Delpit, L. (2012). *Multiplication is for white people: Raising expectations for other people's children.* New York: New Press.

DeWitt, P., & Slade, S. (2014). *School climate change: How do I build a positive environment for learning?* Alexandria, VA: ASCD.

Doubet, K., & Hockett, J. (2015). *Differentiation in middle and high school: Strategies to engage all learners.* Alexandria, VA: ASCD.

Doubet, K., & Hockett, J. (2017). *Differentiation in the elementary grades: Strategies to engage and equip all learners.* Alexandria, VA: ASCD.

Duhigg, C. (2016, February 25). What Google learned from its quest to build the perfect team. *New York Times Magazine*. Retrieved from www.nytimes.com/2016/02/28/magazine/what-google-learned-from-its-quest-to-build-the-perfect-team.html

Fester, J. (2017, April 26). Interdisciplinary projects: 3 protocols for curricular connections [blog post]. Retrieved from *PBL Blog, Buck Institute for Education* at www.bie.org/blog/interdisciplinary_projects_3_protocols_for_finding_curricular_connections

Finley, T. (2014, August 12). The science behind classroom norming [blog post]. Retrieved from *Edutopia* at www.edutopia.org/blog/establishing-classroom-norms-todd-finley

Fisher, D., & Frey, N. (2011). *The formative assessment action plan: Practical steps to more successful teaching and learning.* Alexandria, VA: ASCD.

Fisher, D., Frey, N., & Hite, S. A. (2016). *Intentional and targeted teaching: A framework for teacher growth and leadership.* Alexandria, VA: ASCD.

Fisher, D., Frey, N., & Pumpian, I. (2012). *How to create a culture of achievement in your school and classroom.* Alexandria, VA: ASCD.

Fletcher, A. (2002). *Fire Starter youth power curriculum: Participant guidebook.* Olympia, WA: Freechild Project.

Gant, K. (2017, January 30). What to do during student work time [blog post]. Retrieved from *Intrepid ED: Exploring the Landscape of PBL and Instruction* at https://intrepidedblog.wordpress.com/2017/01/30/what-to-do-during-student-work-time

Hallerman, S., & Larmer, J. (2011). *PBL in the elementary grades: Step-by-step guidance, tools and tips for standards-focused K–5 projects.* Novato, CA: Buck Institute for Education.

Hammond, Z. (2014). *Culturally responsive teaching and the brain: Promoting authentic engagement and rigor among culturally and linguistically diverse students.* Thousand Oaks, CA: Corwin.

Jackson, R. (2009). *Never work harder than your students and other principles of great teaching.* Alexandria, VA: ASCD.

Jerald, C. D. (2006, December). School culture: "The hidden curriculum." *Issue Brief.* Washington, DC: Center for Comprehensive School Reform and Improvement. Retrieved from http://files.eric.ed.gov/fulltext/ED495013. pdf

Jobs for the Future & the Council of Chief State School Officers. (2015). *Educator competencies for personalized, learner-centered teaching.* Boston: Jobs for the Future.

Kallick, B., & Zmuda, A. (2016). *Students at the center: Personalized learning with habits of mind.* Alexandria, VA: ASCD.

Kane, L., Hoff, N., Cathcart, A., Heifner, A., Palmon, S., & Peterson, R. L. (2016, February). *School climate and culture.* Strategy brief. Lincoln, NE: Student Engagement Project, University of Nebraska–Lincoln and the Nebraska Department of Education.

Koenig, R. (2010). *Learning for keeps: Teaching the strategies essential for creating independent learners.* Alexandria, VA: ASCD.

Larmer, J. (2017). *PBL starter kit: To-the-point advice, tools and tips for your first project in middle or high school* (2nd ed.). Novato, CA: Buck Institute for Education.

Larmer, J., Mergendoller, J., & Boss, S. (2015). *Setting the standard for Project Based Learning: A proven approach to rigorous classroom instruction.* Alexandria, VA: ASCD.

Laur, D., & Ackers, J. (2017). *Developing natural curiosity through project-based learning: Five strategies for the PreK–3 classroom.* New York: Routledge.

Lemov, D. (2015). *Teach like a champion 2.0: 62 techniques that put students on the path to college.* San Francisco: Jossey-Bass.

Macarelli, K. (2010). *Teaching science with interactive notebooks.* Thousand Oaks, CA: Corwin.

Mattoon, M. (2015, Spring). *What are protocols? Why use them?* National School Reform Faculty. Retrieved from www.nsrfharmony.org/system/files/protocols/ WhatAreProtocols%2BWhyUse_0.pdf

McCarthy, J. (2017). *So all can learn: A practical guide to differentiation.* Lanham, MD: Rowman & Littlefield.

McDowell, M. (2017). *Rigorous PBL by design: Three shifts for developing confident and competent learners.* Thousand Oaks, CA: Corwin.

Miller, A. (2017, March 30). 7 tips for coaching PBL teachers [blog post]. Retrieved from *PBL Blog, Buck Institute for Education* at www.bie.org/ blog/7_ tips_for_coaching_pbl_teachers

Moss, C., & Brookhart, S. (2012). *Learning targets: Helping students aim for understanding in today's lesson.* Alexandria, VA: ASCD.

Olson, K. (2014, March 1). Teacher as coach: Transforming teaching with a coaching mindset [blog post]. Retrieved from *Pedagogies of Abundance* at https:// oldsow.wordpress.com/2014/03/01/teacher-as-coach- transforming-teaching-with-the-a-coaching-mindset

Ostroff, W. (2016). *Cultivating curiosity in K–12 classrooms: How to promote and sustain deep learning.* Alexandria, VA: ASCD.

Palmer, E. (2011). *Well spoken: Teaching speaking to all students.* Portland, ME: Stenhouse.

Project Management Institute Educational Foundation. (2016). *Project management toolkit for teachers.* Newtown Square, PA: Author. Retrieved from https://pmief.org/library/resources/project-management-toolkit-for- teachers

Project Zero. (n.d.). Visible thinking. Retrieved from www.visiblethinkingpz. org/

VisibleThinking_html_files/VisibleThinking1.html

Rebora, A. (2008, September 10). Making a difference: Carol Ann Tomlinson explains how differentiated instruction works and why we need it now [blog post]. Retrieved from *Education Week: Teacher PD Sourcebook* at www.edweek.org/tsb/articles/2008/09/10/01tomlinson.h02.html

Rindone, N. K. (1996). Effective teaming for success. Presented at the workshop for the Kansas State Department of Education, Students Support Services, Boots Adams Alumni Center, University of Kansas, Lawrence, KS.

Ritchhart, R. (2015). *Creating cultures of thinking: The 8 forces we must master to truly transform our schools.* San Francisco: Jossey-Bass.

Rollins, S. (2017). *Teaching in the fast lane: How to create active learning experiences.* Alexandria, VA: ASCD.

Rothstein, D., & Santana, L. (2011). *Make just one change: Teach students to ask their own questions.* Cambridge, MA: Harvard Education Press.

Sackstein, S. (2017). *Peer feedback in the classroom: Empowering students to be the experts.* Alexandria, VA: ASCD.

Scott, D., & Marzano, R. J. (2014). *Awaken the learner: Finding the source of effective education.* Bloomington, IN: Marzano Research Laboratory.

Scriven, M. S. (1991). *Evaluation thesaurus* (4th ed.). Newbury Park, CA: Sage.

Searle, M. (2013). *Causes and cures in the classroom: Getting to the root of academic and behavior problems.* Alexandria, VA: ASCD.

Sizer, T. (2004). *Horace's compromise: The dilemma of the American high school.* New York: Mariner.

Slade, S. (2014, June 17). Classroom culture: It's your decision [blog post]. Retrieved from *ASCD InService* at http://inservice.ascd.org/classroom-culture-its-your-decision

Steele, D., & Cohn-Vargas, B. (2013). *Identity safe classrooms: Places to belong and learn.* Thousand Oaks, CA: Corwin.

Stiggins, R. (2007, May). Assessment through the Student's eyes. *Educational Leadership, 64*(8), 22–26.

Tomlinson, C. A. (2011). One to grow on: Every teacher a coach. *Educational Leadership, 69*(2), 92–93.

Tomlinson, C. A. (2017). *How to differentiate instruction in academically diverse classrooms* (3rd ed.). Alexandria, VA: ASCD.

Tomlinson, C. A., & Allen, S. (2000). *Leadership for differentiating schools and classrooms*. Alexandria, VA: ASCD.

Uliasz, K. (2016, April 13). Inclusive special Education via PBL [blog post]. Retrieved from *PBL Blog. Buck Institute for Education* at www.bie.org/blog/inclusive_special_Education_via_pbl

Werberger, R. (2015). *From project-based learning to artistic thinking: Lessons learned from creating an unhappy meal*. Lanham, MD: Rowman & Littlefield.

Wiggins, G., & McTighe, J. (2005). *Understanding by design* (2nd ed.). Alexandria, VA: ASCD.

Winebrenner, S., & Brulles, D. (2017). *Teaching gifted kids in today's classroom: Strategies and techniques every teacher can use* (3rd ed.). Minneapolis, MN: Free Spirit Publishing.

Wolpert-Gawron, H. (2014, June 19). How to design projects around common core standards [blog post]. Retrieved from *Edutopia* at www.edutopia.org/ blog/how-to-design-projects-around-common-core-heather-wolpert- gawron

Wood, D., Bruner, J. S., & Ross, G. (1976). The role of tutoring in problem solving. *Journal of Psychology and Psychiatry, 17*, 89–100.

Zwiers, J., & Crawford, M. (2011). *Academic conversations: Classroom talk that fosters critical thinking and content understandings*. Portland, ME: Stenhouse.

附 录

项目式教学评价量规

项目式教学实践	新手 PBL 教师	进阶 PBL 教师	黄金标准 PBL 教师
建立课堂文化	• 虽然建立了指导项目运作的公约，但这些公约可能仍然像是教师强加并监控的"规定"。允许学生表达观点并做选择，但并不常见，或仅与小问题有关。 • 学生偶尔会独立工作，但经常需要寻求教师的指导。 • 学生团队的效率往往很低，或需要教师的频繁干预。 • 学生认为教师期望他们给出"正确答案"，而不是打算自己提出问题并得出答案；他们害怕犯错误。 • 教师重视"完成工作"，没有给学生修改作品留出时间；强调"完成度"多过强调质量和深度。	• 指导课堂运作的公约是和学生共同建立的，学生开始把这些公约记在心里。 • 通过有意设计的各种机会，鼓励学生发言和选择（例如，选择小组、选择资料、使用批判性反馈的规程、创作成品）。 • 在一定程度上，学生可以独立工作，但时常会寻求教师的指导，哪怕他们本可以自行解决。 • 学生团队的协作大致算有成效，并试图学习从合作中有效管理学生团队的工作。教师偶尔需要介入或管理学生团队的工作。 • 学生知道问题的答案与完成项目的途径是多样的，但对提出想法并进行测试还较为谨慎，担心被判定为"犯错误"。 • 教师能够推广批判性反馈及修改的价值，坚持不懈的精神、严谨思考和高质量作品带来的自豪感，但学生尚未能内化这些价值观。	• 指导课堂运作的公约是和学生共同建立的，并由学生进行自我监督。 • 经常、持续赋予学生发言权和选择权，包括识别学生想要在项目中研究的现实的问题。 • 在得到教师点到为止的指导后，学生通常就知道自己需要做什么了。 • 学生在健康、高效的团队中协同工作，就像在真实的工作环境中那样；教师很少需要参与到团队的管理中。 • 学生明白，不存在唯一的"正确答案"；他们也知道，或做或错误取决于冒险，冒险并获取教训，是做事的优选方式，犯错并不意味着是有风险的。 • 学生对批判性反馈及修改的价值、坚持不懈的精神、严谨思考和高质量作品带来的自豪感具有共识，并为实现这些而彼此问责。

项目式教学实践		新手 PBL 教师	进阶 PBL 教师	黄金标准 PBL 教师
	设计与计划	• 项目包含了一些核心项目设计要素，但没有达到项目设计量规中的最高标准。 • 对学生学习的支架和评估计划缺少部分细节，或者项目表不够具体。 • 对一些项目所需资源没有预期或者未能提前准备。	• 项目包含了所有核心项目设计要素，但有一些没有达到项目设计量规的最高标准。 • 对学生学习的支架安排得太松或太紧，又或者执行项目日程过于死板，未能回应学生的需要。 • 对大部分项目所需资源已经有所预期，并做了提前安排。	• 项目包含了项目设计量规中表述的所有核心项目设计要素。 • 规划详尽，包含了对学生学习支架和评估计划，以及项目日程表。项目规划能根据学生的需要进行灵活调整。 • 对项目所需资源已经尽可能充分的预期，并已提前做好安排。
	与课标对应	• 给出了成果的评价标准，但并非明确来源于课标。 • 学生学习的支架、批判性反馈和修改的规程，评估以及评价量规并未能指向并支持学生达成具体的课标。	• 部分成果的评价标准不够明确，无法证明学生已经达标。 • 学生学习的支架、批判性反馈和修改的规程、评估以及评价量规并不总是指向并支持学生达成具体的课标。	• 成果的评价标准明确且具体地来自课标，并给出了对掌握程度的说明。 • 学生学习的支架、批判性反馈和修改的规程、评估以及评价量规始终都指向并支持学生达成具体的课标。
	管理教学活动	• 课堂上为个人工作、团队工作和小组辅导安排了一定的时间，但留给全班讲解的时间过多。 • 分组要么是通过随机的过程完成的（例如报数），要么是在没有正规标准或流程的情况下由学生自己组建完成的。 • 没有为项目工作时间制定的课堂惯例和班级公约；时间没有被有效利用。	• 课堂上为个人工作、团队工作、全班辅导和小组辅导安排了时间，但这些活动的架构没有在整个项目期间得到均衡的安排。 • 分组情况大致均衡，但没有考虑项目的客观情况；过程中学生的发言权和选择权大多不够。 • 为项目工作时间制定了课堂惯例和班级公约，但没有持续遵守；工作效率是多变的。 • 设定了可行的时间节点和时间表，但需要更多灵活度；有时会出现瓶颈。	• 课堂上安排了合理的个人工作和团队工作时间；既有全班讲解，也有小组辅导。 • 基于项目的客观情况和学生的个体需求完成了均衡的分组；过程中赋予了学生适当的发言权和选择权。 • 使用项目管理工具（小组日历、团队公约、学习日志等）来支持学生的自我管理、独立性和协作能力。 • 在项目运作期间，始终遵照课堂惯例和班级公约，以实现工作效率最大化。

项目式教学实践	新手 PBL 教师	进阶 PBL 教师	黄金标准 PBL 教师
管理教学活动	• 设定了时间表、检查点和截止日期，但执行起来比较宽松或本身就不可行；瓶颈期会阻碍工作流程。		• 设定了可行的时间表、检查点和截止日期，但又有一定的灵活度；没有瓶颈期阻碍工作流程。
评估学生的学习	• 学生在学科课标方面的学习主要是通过传统方式（比如考试）而不是项目成果本身来评估的；没有评估成功元素。 • 使用团队创作的成果来评估学生，致使较难评价学生个人是否达到了课标的要求。 • 偶尔会使用形成性评估，但不定期，或工具和流程较为单一。 • 没有使用批判性反馈和修改的规程，或过程不正式；反馈较为简单或没有被用于改进作品。 • 学生会非正式地评估自己的工作，但教师没有给自评提供规范、结构化的机会。 • 评价量规被用来作最终成果评估的工具，而没有被用来作形成性成果评估的工具；评价量规不是从课标发展出来的。	• 使用项目成果和其他来源的证据评估学生对学科课标的达成情况；一定程度上评估了成功元素。 • 一定程度上评估了学生个体的学习情况，而不是只评估了团队创作的成果，但教师对学生个体的学习掌握情况缺乏足够证据。 • 在一些场合中使用有若干不同的工具和流程进行形成性评估。 • 偶尔使用结构化的批判性反馈和修改的规程，或是其他形成性的反馈评估技巧；学生在学习如何给出和运用形成性反馈评价。 • 学生有机会自评工作进展，但这些机会缺乏条理性或规律性。 • 在形成性和总结性评估中，教师使用与课标对应的评价量规作为参照。	• 使用项目成果和其他来源的证据，透彻地评估学生对学科课标和成功元素的达成情况。 • 充分评估了学生个体的学习情况，而不是只评估了团队创作的成果。 • 定期、频繁地运用多种多样的工具和流程进行形成性评估。 • 在项目检查节点定期使用结构化的批判性反馈和修改的规程；学生给出有效的反馈来支持教学变革，也用收到的有效反馈来指引后续行动。 • 定期、结构化地给学生提供自评工作进展的机会，并在恰当的时候让他们评估同伴的表现。 • 在整个项目的形成性和总结性评估中，学生和教师都使用了与课标对应的评价量规作为参照。

项目式教学实践	新手 PBL 教师	进阶 PBL 教师	黄金标准 PBL 教师
搭建学习支架	• 学生得到了一些教学支持来获取内容和资料，但许多学生个体的需求没有被满足。 • 教师在项目启动前就预先灌输了学科知识，而不是等到项目过程中学生需要的时刻才提供。 • 核心的成功素养是教师在项目中顺带培养，而不是带有目的性地去教授的。 • 要求学生做调研和收集数据，但没有提供充分的指导；更具深度的问题不是基于收集到的信息提出的。	• 大部分学生得到了一些教学支持来获取内容、技能和资料，但一些学生个体的需求没有被满足。 • 学习支架的搭建在一定程度上是由学生的问题和须知问题来引导，但其中依旧有一部分是预先灌输的。 • 教授了核心的成功素养，但学生在运用这些成功素养之前还需要更多的实践机会。 • 给学生的探究提供了引导和学习支架，但还不够；教师可能由于过于直接地把控过程而限制了学生的独立思考。	• 每位学生都会得到必要的教学支持来获取内容、技能和资料；当学生不再需要这些支架的时候，教师会将其移除。 • 学习支架的搭建尽可能由学生的问题和需求来引导；教师并不会在项目开启阶段灌输大多信息，而是等到学生需要或请求获取信息的时候才提供。 • 使用多种多样的工具和策略来教授核心的成功素养；给学生提供机会来实践和运用这些素养，然后对进展情况加以反思。 • 给学生的探究提供了引导和学习支架，同时也让学生尽可能独立地思考和行动。
参与和指导	• 教师对学生的优势、兴趣、背景和生活略有了解，但这对教学决策没有太大的影响。 • 设立项目目标时没有征求学生的意见。 • 学生愿像平时完成作业那样去做项目，但教师树立能激发其动力。	• 教师对学生的优势、兴趣、背景和生活有了解，会在项目教学的时候参考。 • 学生对项目感到兴趣，被教师的决心成功兴趣他们所鼓舞而努力工作。 • 学生的问题在一定程度上引领着给出了部分问题的答案；学生偶尔会回想教师大快驱动问题。	• 教师借助对每位学生优势、兴趣、背景和生活的了解来促进他们参与项目，这些信息也被用于教学决策。 • 学生和教师使用课标来共同定义项目的目标和成功的标准，其具体方法符合学生心智发展阶段（例如，共同构建一个评价量规）。

项目式教学实践	新手 PBL 教师	进阶 PBL 教师	黄金标准 PBL 教师
参与和指导	• 教师在项目启动阶段展示了驱动问题（也提出了他们的问题），但这些问题没有在探究和成果推进的过程中发挥引导作用。对全体学生表现的期待不明确、大低或太高。 • 课堂中教师和学生建立联系的机会很有限，导致学生的需求没有被发现或满足。 • 学生和教师在反思学什么（内容）和怎么学（过程）上不够正规；反思环节主要安排在项目的末尾。	• 教师设定并传达了对全体学生表现的合理高期待。 • 教师通过与学生建立联系、密切观察和互动来识别学生的需求，以及做出进一步的指导，包括更多的练习、补充资料、方向、难题解决策略、表扬、鼓励和庆祝等。 • 学生和教师偶尔反思学什么（内容）和怎么学（过程）。	• 项目是教师和学生共同拥有的，这一特质维系了学生对项目的热情和主人翁意识。 • 学生的问题在探究和推进成果的过程中起到了核心驱动作用；驱动问题也为持续探究发挥了积极作用。 • 师生共同对全体学生的表现明确建立了合理的高期待，教师和学生认同并强化这份共识。 • 教师通过与学生建立密切的关系来确定每个学生的需求；这些需求不仅由教师本人满足，也会由学生其他学生在没有教师参与的情况下实现。 • 在整个项目期间，学生和教师能够定期、正式地反思学什么（内容）和怎么学（过程）；大家特别注意记录收获和庆祝成就。

学生学习指南

以下这份学生学习指南是埃琳·布兰德沃尔德老师为高中世界史项目"审判革命"所开发的。空白版本的学生学习指南可以在网上获取：https://my.pblworks.org/resource/document/sample_project_design_overview_and_student_learning_guide。

项目设计：学生学习指南

项目名称：审判革命

驱动问题：作为历史学家，我们如何判定一场革命在改善公民生活方面的有效性？

最终成果	学习结果/目标	检查节点/形成性评估	针对全体学习者的教学策略
演讲、演出、产品和（或）服务	学生为成功完成最终成果所需要具备的知识、理解以及成功素养。	用来检查学习情况和确保学生不偏离正轨。	由教师、教员或专家提供；包含与学习结果及形成性评估相对应的学习支架、材料和课程。
（个人） 第1—3周 学生将在庭审前的限时写作中展现自己庭审中使用的论点和论据。	我能使用革命发展框架来阐述一场革命是如何爆发的，并把框架运用到"X国度"、墨西哥、海地或古巴的革命上。 我能确定标准来评价一次革命的有效性。	• 革命发展框架小测验。 • 对"X国度"的反思。 • 对"X国度"和所选择的革命框架的比较分析。 • 用共同创作的评价标准来评估"X国度"。	• 直接介绍革命发展框架。 • 制作"X国度"革命发展框架的拼图式学习材料。 • 总结各次革命，用注标注出框架的元素。 • 小组讨论有效性的定义，生成评价标准列表。 • 全班合并评价标准列表。
	我能通过一手和二手资源来收集有关某次革命的证据。	• SOAPS 小测验①。 • 制作四张含有证据的资料卡（两份一手资料或两份二手资料）。	• 有关革命者生活和动机的一手或二手资料包。 • 有关革命前的政府的一手或二手资料包。 • 有关革命前后公民生活状态的一手或二手资料包。

---

① SOAPS 小测验：从学科主题（Subject）、场合（Occasion）、观众（Audience）、目的（Purpose）和作者（Speaker）出发检查学生的学习。——译者注

项目设计：学生学习指南

项目名称：审判革命

驱动问题：作为历史学家，我们如何判定一场革命在改善公民生活方面的有效性？

最终成果	学习结果／目标	检查节点／形成性评估	针对全体学习者的教学策略
（个人） **第1—3周** 学生将在审前写作中展现自己庭审中使用的论点和论据。	我可以用证据支持某场革命的相关论点。我可以找出反驳的相关理由，并用它们加强自己的论点。	• 进行证据相关的画廊漫步并修改。 • 进行论点相关的画廊漫步并修改。 • 同伴评价论点与证据之间的关联。	• 资料卡回顾（用SOAPS来搜寻证据）。 • 证据的质量标准（准确的、实质性的和多样的）。 • 精准论点的质量标准。 • 利用革命发展标准去选择证据和建立论点。
（小组） **第4周** 模拟庭审的案件理论	我能分析革命者行动背后的动机。 我能分析独裁统治和随后的革命对人民的影响。	• 革命方证人撰写证人口供，总结他们在革命中的角色和动机。 • 教师给证人档案提供反馈。 • 律师撰写证词摘要来展示他们对证人动机的理解。 • 法律专家对证词摘要供反馈。 • 政府证人撰写证人档案以总结政府的宏观领导。 • 教师给证人档案提供反馈。 • 公民证人撰写证人口供以总结其革命前的生活。 • 法律专家给证词摘要供反馈。	• 对法律专家进行访谈，以了解人、原告或被告律师应该如何准备。 • 为学生创建案件理论，帮他们识别论点、证据、抗辩之间的关联。 • 为小组提供合作规范，帮助他们使用资料卡，来撰写证人口供和证词摘要。 • 用信息组织图建立证人档案和证词摘要。

项目设计：学生学习指南

项目名称：审判革命

驱动问题：作为历史学家，我们如何判定一场革命在改善公民生活方面的有效性？

最终成果	学习结果/目标	检查节点/形成性评估	针对全体学习者的教学策略
（个人） 第5—6周 参与模拟庭审	我能确定革命在改善公民生活方面的效力。	· 贯穿创作过程和排练时间的下课通行证，用于反思庭审中的信息。 · 模拟庭审后的全班讨论：事实上哪一方应该获胜？	· 对最终判决进行预测。 · 贯穿整个庭审准备过程的热身活动和下课通行证。 · 提前准备的讨论问题。
	我能用探究性的问题来展示我对革命者动机的理解。	· 同伴之间进行排练并互相给予反馈。 · 打分的问题列表。 · 教师对排练提供反馈。	· 观看和评估庭审视频。 · 将问题分类，并设计更深入的探究性问题进行一连串快速演练。 · 对提出和回答即兴问题进行演练。 · 专家采访。
	我能运用专业的演讲技巧，有效地将我的想法传达给我的听众。	· 同伴之间进行排练并互相给予反馈。 · 教师对排练提供反馈。	· 为专业演讲技巧创建质量标准。 · 观看和评估庭审视频。 · 专家采访：真实的法庭是什么样的？

Project Based Teaching: How to Create Rigorous and Engaging Learning Experiences, by Suzie Boss with John Larmer

978-1416626732

Translated and published by China Renmin University Press Co., Ltd with permission from ASCD. This translated work is based on: *Project Based Teaching: How to Create Rigorous and Engaging Learning Experiences* by Suzie Boss with John Larmer © 2018 ASCD. All Rights Reserved. ASCD is not affiliated with China Renmin University Press Co., Ltd or responsible for the quality of this translated work.

图书在版编目（CIP）数据

项目式教学：为学生创造沉浸式学习体验／（美）
苏西·博斯（Suzie Boss），（美）约翰·拉尔默
（John Larmer）著；周华杰，陆颖，唐玥 译 .—北京：
中国人民大学出版社，2020.11
书名原文：Project Based Teaching: How to
Create Rigorous and Engaging Learning Experiences
ISBN 978 - 7 - 300 - 28711 - 9

Ⅰ.①项⋯　Ⅱ.①苏⋯　②约⋯　③周⋯　④陆⋯　⑤唐
⋯　Ⅲ.①教学法　Ⅳ.① G424.1

中国版本图书馆 CIP 数据核字（2020）第 219571 号

著作权合同登记号
图字：01-2020-4303 号

项目式教学：为学生创造沉浸式学习体验
［美］苏西·博斯（Suzie Boss）
［美］约翰·拉尔默（John Larmer）　著
周华杰　陆颖　唐玥　译
Xiangmu Shi Jiaoxue: Wei Xuesheng Chuangzao Chenjin Shi Xuexi Tiyan

出版发行	中国人民大学出版社			
社　址	北京中关村大街 31 号		**邮政编码**	100080
电　话	010 - 62511242（总编室）		010 - 62511770（质管部）	
	010 - 82501766（邮购部）		010 - 62514148（门市部）	
	010 - 62515195（发行公司）		010 - 62515275（盗版举报）	
网　址	http://www.crup.com.cn			
经　销	新华书店			
印　刷	北京华宇信诺印刷有限公司			
开　本	720 mm × 1000 mm　1/16		**版　次**	2020 年 11 月第 1 版
印　张	13.75　插页 1		**印　次**	2023 年 12 月第 16 次印刷
字　数	186 000		**定　价**	68.00 元